Schöningh

# EinFach Deutsch

Georg Büchner

# Leonce und Lena

Ein Lustspiel

Von Roland Kroemer

Herausgegeben von
Johannes Diekhans

Dieser Ausgabe liegt folgende Textausgabe zugrunde:

Georg Büchner: Leonce und Lena. Ein Lustspiel. In: Werke und Briefe. Münchner Ausgabe. Herausgegeben von Karl Pörnbacher, Gerhard Schaub, Hans-Joachim Simm und Edda Ziegler. München: dtv 1988, S. 159–189. Die Rechtschreibung wurde behutsam den geltenden Regeln angepasst. Die Interpunktion wurde im Wesentlichen belassen. Einige Regieanweisungen wurden zur besseren Verständlichkeit in ihrer Form vereinheitlicht, manche Klammern der zugrunde liegenden Textausgabe zur besseren Lesbarkeit gelöscht.

© 2015 Bildungshaus Schulbuchverlage
Westermann Schroedel Diesterweg Schöningh Winklers GmbH
Braunschweig, Paderborn, Darmstadt

www.schoeningh-schulbuch.de
Schöningh Verlag, Jühenplatz 1–3, 33098 Paderborn

Druck A 5 4 3 2 1 / Jahr 2019 18 17 16 15
Alle Drucke der Serie A sind im Unterricht parallel verwendbar.
Die letzte Zahl bezeichnet das Jahr dieses Druckes.

Umschlaggestaltung: Jennifer Kirchhof
Druck und Bindung: westermann druck GmbH, Braunschweig

ISBN 978-3-14-022471-0

# Georg Büchner: Leonce und Lena
# Ein Lustspiel

# Vorrede

Alfieri: „e la fama?"[1]
Gozzi[2]: „e la fame?"[3]

# Personen

**König Peter** vom Reiche Popo
**Prinz Leonce,** sein Sohn, verlobt mit
**Prinzessin Lena** vom Reiche Pipi
**Valerio**
**Die Gouvernante**
**Der Hofmeister**
**Der Zeremonienmeister**
**Der Präsident des Staatsrats**
**Der Hofprediger**
**Der Landrat**
**Der Schulmeister**
**Rosetta**
**Bediente, Staatsräte, Bauern, etc. etc.**

---

[1] (ital.:) „Und der Ruhm?"
[2] Der Tragödiendichter Vittorio Alfieri (1749–1803) und der Komödiant Carlo Gozzi (1720–1803) waren bekannte, aber sehr gegensätzliche Repräsentanten des italienischen Theaters des 18. Jahrhunderts.
[3] (ital.:) „Und der Hunger?"

# Erster Akt

„O wär ich doch ein Narr!
Mein Ehrgeiz geht auf () eine bunte Jacke."
*Wie es Euch gefällt.*[1]

## Erste Szene

*Ein Garten.*
*Leonce (halb ruhend auf einer Bank). Der Hofmeister.*

**Leonce.** Mein Herr, was wollen Sie von mir? Mich auf meinen
Beruf vorbereiten? Ich habe alle Hände voll zu tun. Ich weiß
mir vor Arbeit nicht zu helfen. Sehen Sie, erst habe ich auf
den Stein hier dreihundertfünfundsechzig Mal hintereinan-
5 der zu spucken. Haben Sie das noch nicht probiert? Tun Sie
es, es gewährt eine ganz eigne Unterhaltung. – Dann, sehen
Sie diese Hand voll Sand? – *(er nimmt Sand auf, wirft ihn in*
*die Höhe und fängt ihn mit dem Rücken der Hand wieder auf)*
– jetzt werf ich sie in die Höhe. Wollen wir wetten? Wie viel
10 Körnchen hab ich jetzt auf dem Handrücken? Grad oder
ungrad? Wie? Sie wollen nicht wetten? Sind Sie ein Heide?
Glauben Sie an Gott? Ich wette gewöhnlich mit mir selbst
und kann es tagelang so treiben. Wenn Sie einen Menschen
aufzutreiben wissen, der Lust hätte, manchmal mit mir zu
15 wetten, so werden Sie mich sehr verbinden. Dann – habe ich
nachzudenken, wie es wohl angehen mag, dass ich mir
einmal auf den Kopf sehe. – O wer sich einmal auf den Kopf
sehen könnte! Das ist eines von meinen Idealen. Und dann
– und dann – noch unendlich viel der Art. – Bin ich ein
20 Müßiggänger?[2] Habe ich keine Beschäftigung? – Ja, es ist
traurig ...

**Hofmeister.** Sehr traurig, Eure Hoheit.

---

[1] Lustspiel des englischen Dramatikers William Shakespeare (1564–1616)
[2] Nichtstuer

**Leonce.** Dass die Wolken schon seit drei Wochen von Westen
nach Osten ziehen. Es macht mich ganz melancholisch[1].
**Hofmeister.** Eine sehr gegründete Melancholie.
**Leonce.** Mensch, warum widersprechen Sie mir nicht? Sie haben
⁵ dringende Geschäfte, nicht wahr? Es ist mir leid, dass ich Sie
so lange aufgehalten habe. *(Der Hofmeister entfernt sich mit
einer tiefen Verbeugung.)* Mein Herr, ich gratuliere Ihnen zu
der schönen Parenthese[2], die Ihre Beine machen, wenn Sie
sich verbeugen.

¹⁰ **Leonce** *(allein, streckt sich auf der Bank aus).* Die Bienen sitzen so
träg an den Blumen und der Sonnenschein liegt so faul auf
dem Boden. Es krassiert[3] ein entsetzlicher Müßiggang. –
Müßiggang ist aller Laster Anfang. Was die Leute nicht alles
aus Langeweile treiben! Sie studieren aus Langeweile, sie
¹⁵ beten aus Langeweile, sie verlieben, verheiraten und vermeh-
ren sich aus Langeweile und sterben endlich aus Langeweile,
und – und das ist der Humor[4] davon – alles mit den wichtigsten Gesichtern, ohne zu merken, warum, und meinen Gott
weiß was dazu. Alle diese Helden, diese Genies, diese
²⁰ Dummköpfe, diese Heiligen, diese Sünder, diese Familienvä-
ter sind im Grunde nichts als raffinierte Müßiggänger. – Warum muss ich es grade wissen? Warum kann ich mir nicht
wichtig werden und der armen Puppe einen Frack anziehen
und einen Regenschirm[5] in die Hand geben, dass sie sehr
²⁵ rechtlich und sehr nützlich und sehr moralisch würde? – Der
Mann, der eben von mir ging, ich beneidete ihn, ich hätte ihn
aus Neid prügeln mögen. O wer einmal jemand anderes sein
könnte! Nur 'ne Minute lang. Wie der Mensch läuft! Wenn ich
nur etwas unter der Sonne wüsste, was mich noch könnte
³⁰ laufen machen.

---

¹ trübsinnig, grundlos traurig
² im Deutschen die Bedeutung von „ein Paar Klammern"; im Französischen auch Bezeichnung für O-Beine
³ grassieren (lat.): um sich greifen, wüten, sich ausbreiten
⁴ hier: Witz
⁵ Frack und Regenschirm waren charakteristisch für das angepasste
(Spieß-)Bürgertum nach der französischen Julirevolution von 1830.

*(Valerio, etwas betrunken, tritt auf.)*

**Valerio** *(stellt sich dicht vor den Prinzen, legt den Finger an die Nase
und sieht ihn starr an).* Ja!

**Leonce** *(ebenso).* Richtig!

**Valerio.** Haben Sie mich begriffen?

5 **Leonce.** Vollkommen.

**Valerio.** Nun, so wollen wir von etwas anderem reden. *(Er legt
sich ins Gras.)* Ich werde mich indessen in das Gras legen und
meine Nase oben zwischen den Halmen herausblühen lassen
und romantische Empfindungen beziehen, wenn die Bienen

10 und Schmetterlinge sich darauf wiegen, wie auf einer Rose.

**Leonce.** Aber Bester, schnaufen Sie nicht so stark, oder die
Bienen und Schmetterlinge müssen verhungern über den
ungeheuren Prisen, die Sie aus den Blumen ziehen.

**Valerio.** Ach Herr, was ich ein Gefühl für die Natur habe! Das

15 Gras steht so schön, dass man ein Ochs sein möchte, um es
fressen zu können, und dann wieder ein Mensch, um den
Ochsen zu essen, der solches Gras gefressen.

**Leonce.** Unglücklicher, Sie scheinen auch an Idealen[1] zu
laborieren[2].

20 **Valerio.** Es ist ein Jammer. Man kann keinen Kirchturm
herunterspringen, ohne den Hals zu brechen. Man kann
keine vier Pfund Kirschen mit den Steinen essen ohne
Leibweh zu kriegen. Seht, Herr, ich könnte mich in eine Ecke
setzen und singen vom Abend bis zum Morgen: „Hei, da sitzt

25 e Fleig' an der Wand! Fleig' an der Wand! Fleig' an der Wand!"[3]
und so fort bis zum Ende meines Lebens.

**Leonce.** Halt's Maul mit deinem Lied, man könnte darüber ein
Narr werden.

---

[1] hier: fixe Ideen

[2] (lat.:) sich mit der Herstellung von etwas abmühen; auch: an einer Krankheit leiden und sie ohne rechten Erfolg zu heilen versuchen

[3] „Hei, da sitzt eine Fliege an der Wand! ..." (damals sehr populäres Nonsens-Lied, wurde aber auch von demokratischen Oppositionellen im hessischen Frankfurt zur Warnung beim plötzlichen Auftauchen der Polizei gesungen)

**Valerio.** So wäre man doch etwas. Ein Narr! Ein Narr! Wer will
mir seine Narrheit gegen meine Vernunft verhandeln? Ha,
ich bin Alexander der Große! Wie mir die Sonne eine goldne
Krone in die Haare scheint, wie meine Uniform blitzt! Herr
5    Generalissimus Heupferd, lassen Sie die Truppen anrücken!
Herr Finanzminister Kreuzspinne, ich brauche Geld! Liebe
Hofdame Libelle, was macht meine teure Gemahlin Bohnen-
stange? Ach bester Herr Leibmedicus[1] Cantharide[2], ich bin
um einen Erbprinzen verlegen. Und zu diesen köstlichen
10   Fantasien bekommt man gute Suppe, gutes Fleisch, gutes
Brot, ein gutes Bett und das Haar umsonst geschoren, – im
Narrenhaus nämlich, – während ich mit meiner gesunden
Vernunft mich höchstens noch zur Beförderung der Reife auf
einen Kirschbaum verdingen[3] könnte, um – nun? – um?
15 **Leonce.** Um die Kirschen durch die Löcher in deinen Hosen
schamrot zu machen! Aber Edelster, dein Handwerk, deine
Profession[4], dein Gewerbe, dein Stand, deine Kunst?
**Valerio** (*mit Würde*). Herr, ich habe die große Beschäftigung,
müßig zu gehen, ich habe eine ungemeine Fertigkeit im
20   Nichtstun, ich besitze eine ungeheure Ausdauer in der
Faulheit. Keine Schwiele schändet meine Hände, der Boden
hat noch keinen Tropfen von meiner Stirne getrunken, ich
bin noch Jungfrau in der Arbeit, und wenn es mir nicht der
Mühe zu viel wäre, würde ich mir die Mühe nehmen, Ihnen
25   diese Verdienste weitläufiger auseinanderzusetzen.
**Leonce** (*mit komischem Enthusiasmus*). Komm an meine Brust!
Bist du einer von den Göttlichen, welche mühelos mit reiner
Stirne durch den Schweiß und Staub über die Heerstraße des
Lebens wandeln, und mit glänzenden Sohlen und blühenden
30   Leibern gleich seligen Göttern in den Olympus[5] treten?
Komm! Komm!

---

1   Medicus (lat.): Arzt
2   eine Käferart, auch „spanische Fliege" genannt; zermahlen als „Lustpul-
    ver", also als Aphrodisiakum, verwendet
3   eine Arbeit aufnehmen
4   Beruf, Geschäft, Aufgabe
5   Olymp (griech. Myth.): Wohnsitz der Götter

**Valerio** *(singt im Abgehen)*. Hei! da sitzt e Fleig' an der Wand!
Fleig' an der Wand! Fleig' an der Wand!

*(Beide Arm in Arm ab.)*

## Zweite Szene

*Ein Zimmer.*
*König Peter wird von zwei Kammerdienern angekleidet.*

**König Peter** *(während er angekleidet wird)*. Der Mensch muss
denken und ich muss für meine Untertanen denken, denn
5  sie denken nicht, sie denken nicht. – Die Substanz[1] ist das an
sich, das bin ich. *(Er läuft fast nackt im Zimmer herum.)*
Begriffen? An sich ist an sich, versteht Ihr? Jetzt kommen
meine Attribute[2], Modifikationen[3], Affektionen[4] und Akziden-
zien[5], wo ist mein Hemd, meine Hose? – Halt, pfui! der freie
10  Wille steht da vorn ganz offen. Wo ist die Moral, wo sind die
Manschetten[6]? Die Kategorien[7] sind in der schändlichsten
Verwirrung, es sind zwei Knöpfe zu viel zugeknöpft, die Dose
steckt in der rechten Tasche. Mein ganzes System ist ruiniert.
– Ha, was bedeutet der Knopf im Schnupftuch[8]? Kerl, was
15  bedeutet der Knopf, an was wollte ich mich erinnern?
**Erster Kammerdiener.** Als Eure Majestät diesen Knopf in Ihr
Schnupftuch zu knüpfen geruhten, so wollten Sie ...
**König Peter.** Nun?
**Erster Kammerdiener.** Sich an etwas erinnern.

---

[1] (hier im philosophischen Sinn:) für sich Seiendes, unabhängig (von anderen) Seiendes; auch: das eigentliche Wesen der Dinge
[2] Attribut: Eigenschaft, Merkmal einer Substanz
[3] Modifikation: Abwandlung, Veränderung, Einschränkung
[4] Affektion: Wohlwollen, Neigung
[5] Akzidens: das Zufällige, nicht Notwendige, das einem Gegenstand zukommt
[6] Manschette: Ärmelaufschlag
[7] Kategorie: Gruppe, in die jmd. oder etwas eingeordnet wird; auch Begriff
in der Transzendentalphilosophie Immanuel Kants
[8] Knopf im Schnupftuch: Knoten im Taschentuch

**König Peter.** Eine verwickelte Antwort! – Ei! Nun an was meint
Er?

**Zweiter Kammerdiener.** Eure Majestät wollten sich an etwas
erinnern, als Sie diesen Knopf in Ihr Schnupftuch zu
5 knüpfen geruhten.

**König Peter** *(läuft auf und ab)*. Was? Was? Die Menschen
machen mich confus[1], ich bin in der größten Verwirrung. Ich
weiß mir nicht mehr zu helfen. *(Ein Diener tritt auf.)*

**Diener.** Eure Majestät, der Staatsrat ist versammelt.

10 **König Peter** *(freudig)*. Ja, das ist's, das ist's. – Ich wollte mich an
mein Volk erinnern! Kommen Sie meine Herren! Gehen Sie
symmetrisch. Ist es nicht sehr heiß? Nehmen Sie doch auch
Ihre Schnupftücher und wischen Sie sich das Gesicht. Ich bin
immer so in Verlegenheit, wenn ich öffentlich sprechen soll.
15 *(Alle ab.)*

*König Peter. Der Staatsrat.*

**König Peter.** Meine Lieben und Getreuen, ich wollte Euch
hiermit kund- und zu wissen tun, kund- und zu wissen tun
– denn entweder verheiratet sich mein Sohn, oder nicht *(legt
den Finger an die Nase)* entweder, oder – Ihr versteht mich
20 doch? Ein Drittes gibt es nicht.[2] Der Mensch muss denken.
*(Steht eine Zeit lang sinnend.)*
Wenn ich so laut rede, so weiß ich nicht wer es eigentlich ist,
ich oder ein anderer, das ängstigt mich. *(Nach langem
Besinnen.)* Ich bin ich. – Was halten Sie davon, Präsident?

25 **Präsident** *(gravitätisch[3] langsam)*. Eure Majestät, vielleicht ist es
so, vielleicht ist es aber auch nicht so.

**Der ganze Staatsrat im Chor.** Ja, vielleicht ist es so, vielleicht ist
es aber auch nicht so.

**König Peter** *(mit Rührung)*. O meine Weisen! – Also von was war
30 eigentlich die Rede? Von was wollte ich sprechen? Präsident,

---

[1] konfus: verwirrt, durcheinander
[2] Anspielung auf die Logik und deren zentralen „Satz vom ausgeschlosse-
nen Dritten" („entweder – oder")
[3] ernst, würdevoll

was haben Sie ein so kurzes Gedächtnis bei einer so feierlichen Gelegenheit? Die Sitzung ist aufgehoben. *(Er entfernt sich feierlich, der ganze Staatsrat folgt ihm.)*

### Dritte Szene

*Ein reich geschmückter Saal, Kerzen brennen.*
*Leonce mit einigen Dienern.*

**Leonce.** Sind alle Läden geschlossen? Zündet die Kerzen an! Weg
5  mit dem Tag! Ich will Nacht, tiefe ambrosische[1] Nacht. Stellt
die Lampen unter Krystallglocken zwischen die Oleander[2],
dass sie wie Mädchenaugen unter den Wimpern der Blätter
hervorträumen. Rückt die Rosen näher, dass der Wein wie
Tautropfen auf die Kelche sprudle. Musik! Wo sind die
10  Violinen? Wo ist die Rosetta? Fort! Alle hinaus!

*(Die Diener gehen ab. Leonce streckt sich auf ein Ruhebett.*
*Rosetta, zierlich gekleidet, tritt ein.*
*Man hört Musik aus der Ferne.)*

**Rosetta** *(nähert sich schmeichelnd)*. Leonce!
**Leonce.** Rosetta!
**Rosetta.** Leonce!
**Leonce.** Rosetta!
15  **Rosetta.** Deine Lippen sind träg. Vom Küssen?
**Leonce.** Vom Gähnen!
**Rosetta.** Oh!
**Leonce.** Ach Rosetta, ich habe die entsetzliche Arbeit ...
**Rosetta.** Nun?
20  **Leonce.** Nichts zu tun ...
**Rosetta.** Als zu lieben?
**Leonce.** Freilich Arbeit!

---

[1]  ambrosisch: himmlisch, göttlich (Ambrosia war die unsterblich machende Speise der Götter in der griech. Mythologie)
[2]  Rosenlorbeer; immergrüner Strauch oder Baum aus dem Mittelmeergebiet mit rosa, weißen und gelben Blüten

**Rosetta** *(beleidigt)*. L e o n c e !

**Leonce.** Oder Beschäftigung.

**Rosetta.** Oder Müßiggang.

**Leonce.** Du hast recht wie immer. Du bist ein kluges Mädchen,

5   und ich halte viel auf deinen Scharfsinn.

**Rosetta.** So liebst du mich aus Langeweile?

**Leonce.** Nein, ich habe Langeweile, weil ich dich liebe. Aber ich
liebe meine Langeweile wie dich. Ihr seid eins. O dolce far
niente[1], ich träume über deinen Augen, wie an wunderheimli-

10  chen tiefen Quellen, das Kosen deiner Lippen schläfert mich
ein, wie Wellenrauschen. *(Er umfasst sie.)* Komm liebe
Langeweile, deine Küsse sind ein wollüstiges Gähnen, und
deine Schritte sind ein zierlicher Hiatus[2].

**Rosetta.** Du liebst mich, Leonce?

15  **Leonce.** Ei warum nicht?

**Rosetta.** Und immer?

**Leonce.** Das ist ein langes Wort: immer! Wenn ich dich nun
noch fünftausend Jahre und sieben Monate liebe, ist's genug?
Es ist zwar viel weniger, als immer, ist aber doch eine

20  erkleckliche Zeit, und wir können uns Zeit nehmen, uns zu
lieben.

**Rosetta.** Oder die Zeit kann uns das Lieben nehmen.

**Leonce.** Oder das Lieben uns die Zeit. Tanze, Rosetta, tanze, dass
die Zeit mit dem Takt deiner niedlichen Füße geht.

25  **Rosetta.** Meine Füße gingen lieber aus der Zeit.

*(Sie tanzt und singt.)*

O meine müden Füße ihr müsst tanzen
In bunten Schuhen,
Und möchtet lieber tief, tief
Im Boden ruhen.

*[handschriftliche Notiz links:]* Füße müssen tanzen obwohl sie müde sind und sie lieber begraben wäre

*[handschriftliche Notiz:]* gegenüberstellung von müssen und wollen

---

[1]  (ital.:) O süßes Nichtstun

[2]  Zusammentreffen zweier Vokale („Gähnlaut"), aber auch die Lücke, die
beim Raffen des Rockes entstehen kann

*[handschriftliche Notiz oben links:]* Ihre Wangen müssen glühen obwohl Sie lieber begraben wäre (Tod)

*[handschriftliche Notiz oben rechts:]* Pflicht= Bild einer geliebten entsprechen

*[handschriftliche Notiz rechts:]* kreuzreim
3 Strophen
je 4 Verse

O meine heißen Wangen, ihr müsst glühen
Im wilden Kosen,
Und möchtet lieber blühen
Zwei weiße Rosen.

*[handschriftliche Notiz links:]* O meine = Jammer

5　O meine armen Augen, ihr müsst blitzen
Im Strahl der Kerzen,
Und lieber schlieft ihr aus im Dunkeln
Von euren Schmerzen.

*[handschriftliche Notiz rechts:]* Augen müssen blitzen obwohl sie lieber im ewigen schlaf von ihren schmerzen befreit sein will

**Leonce** (*indes träumend vor sich hin*). O, eine sterbende Liebe ist
10　schöner, als eine werdende. Ich bin ein Römer; bei dem
köstlichen Mahle spielen zum Dessert die goldnen Fische in
ihren Todesfarben.[1] Wie ihr das Rot von den Wangen stirbt,
wie still das Auge ausglüht, wie leis das Wogen ihrer Glieder
steigt und fällt! Adio[2], adio meine Liebe, ich will deine Leiche
15　lieben. (*Rosetta nähert sich ihm wieder.*) Tränen, Rosetta? Ein
feiner Epikuräismus[3] – weinen zu können. Stelle dich in die
Sonne, dass die köstlichen Tropfen krystallisieren, es muss
prächtige Diamanten geben. Du kannst dir ein Halsband
daraus machen lassen.
20　**Rosetta.** Wohl Diamanten, sie schneiden mir in die Augen. Ach
Leonce! (*Will ihn umfassen.*)
**Leonce.** Gib acht! Mein Kopf! Ich habe unsere Liebe darin
beigesetzt. Sieh zu den Fenstern meiner Augen hinein. Siehst
du, wie schön tot das arme Ding ist? Siehst du die zwei
25　weißen Rosen auf seinen Wangen und die zwei roten auf
seiner Brust? Stoß mich nicht, dass ihm kein Ärmchen
abbricht, es wäre schade. Ich muss meinen Kopf gerade auf
den Schultern tragen, wie die Totenfrau[4] einen Kindersarg.

---

[1]　Im alten Rom wurden bei Festgelagen häufig sich im Todeskampf win-
　　dende Fische zur Schau gestellt, deren Schuppen dabei in den unter-
　　schiedlichsten Farben schillerten.
[2]　(ital.:) Gott befohlen! Lebe wohl! (meist „addio" geschrieben)
[3]　Lehre des griech. Philosophen Epikur, die auf den Genuss materieller
　　Freuden gerichtet ist
[4]　Leichenwäscherin

**Rosetta** *(scherzend)*. Narr! ·

**Leonce.** Rosetta! *(Rosetta macht ihm eine Fratze.)* Gott sei Dank!
*(Hält sich die Augen zu.)*

**Rosetta** *(erschrocken)*. Leonce, sieh mich an.

5 **Leonce.** Um keinen Preis!

**Rosetta.** Nur einen Blick!

**Leonce.** Keinen! weinst du? Um ein klein wenig, und meine
liebe Liebe käme wieder auf die Welt. Ich bin froh, dass ich
sie begraben habe. Ich behalte den Eindruck.

10 **Rosetta** *(entfernt sich traurig und langsam, sie singt im Abgehn:)*
Ich bin eine arme Waise,
Ich fürchte mich ganz allein.
Ach lieber Gram –
Willst du nicht kommen mit mir heim?

15 **Leonce** *(allein)*. Ein sonderbares Ding um die Liebe. Man liegt
ein Jahr lang schlafwachend[1] zu Bette, und an einem schönen
Morgen wacht man auf, trinkt ein Glas Wasser, zieht seine
Kleider an und fährt sich mit der Hand über die Stirn und
besinnt sich – und besinnt sich. – Mein Gott, wie viel Weiber
20 hat man nötig, um die Scala[2] der Liebe auf und ab zu singen?
Kaum dass eine einen Ton ausfüllt. Warum ist der Dunst
über unsrer Erde ein Prisma[3], das den weißen Glutstrahl der
Liebe in einen Regenbogen bricht? – *(Er trinkt.)* In welcher
Bouteille[4] steckt denn der Wein, an dem ich mich heute
25 betrinken soll? Bringe ich es nicht einmal mehr so weit? Ich
sitze wie unter einer Luftpumpe. Die Luft so scharf und dünn,
dass mich friert, als sollte ich in Nankinhosen[5] Schlittschuh
laufen. – Meine Herren, meine Herren, wisst ihr auch, was

---

[1] halb schlafend, halb wachend
[2] Skala: Tonleiter
[3] Licht brechender Körper
[4] (frz.:) Flasche
[5] Anfang des 19. Jahrhunderts modische Sommerhosen aus „Nankin",
einem glatten, gelblichen Stoff aus Baumwolle, der seinen Namen der
chinesischen Stadt Nanking verdankt

Caligula und Nero[1] waren? Ich weiß es. – Komm Leonce,
halte mir einen Monolog, ich will zuhören. Mein Leben gähnt
mich an, wie ein großer weißer Bogen Papier, den ich
vollschreiben soll, aber ich bringe keinen Buchstaben heraus.
5 Mein Kopf ist ein leerer Tanzsaal, einige verwelkte Rosen und
zerknitterte Bänder auf dem Boden, geborstene Violinen in
der Ecke, die letzten Tänzer haben die Masken abgenommen
und sehen mit todmüden Augen einander an. Ich stülpe mich
jeden Tag vierundzwanzigmal herum, wie einen Handschuh.
10 O ich kenne mich, ich weiß was ich in einer Viertelstunde,
was ich in acht Tagen, was ich in einem Jahre denken und
träumen werde. Gott, was habe ich denn verbrochen, dass du
mich, wie einen Schulbuben, meine Lektion so oft hersagen
lässt? – Bravo Leonce! Bravo! *(Er klatscht.)* Es tut mir ganz
15 wohl, wenn ich mir so rufe. He! Leonce! Leonce!

**Valerio** *(unter einem Tisch hervor).* Eure Hoheit scheint mir
wirklich auf dem besten Weg, ein wahrhaftiger Narr zu
werden.

**Leonce.** Ja, beim Licht besehen, kommt es mir eigentlich ebenso
20 vor.

**Valerio.** Warten Sie, wir wollen uns darüber sogleich ausführli-
cher unterhalten. Ich habe nur noch ein Stück Braten zu
verzehren, das ich aus der Küche, und etwas Wein, den ich
von Ihrem Tische gestohlen. Ich bin gleich fertig.

25 **Leonce.** Das schmatzt. Der Kerl verursacht mir ganz idyllische
Empfindungen; ich könnte wieder mit dem Einfachsten
anfangen, ich könnte Käs essen, Bier trinken, Tabak rauchen.
Mach fort, grunze nicht so mit deinem Rüssel, und klappre
mit deinen Hauern nicht so.

30 **Valerio.** Wertester Adonis[2], sind Sie in Angst um Ihre Schenkel?
Sein Sie unbesorgt, ich bin weder ein Besenbinder, noch ein
Schulmeister. Ich brauche keine Gerten zu Ruten.

**Leonce.** Du bleibst nichts schuldig.

---

[1] zwei römische Kaiser, die als besonders herrschsüchtig und grausam
gelten
[2] schöner Jüngling aus der griech. Mythologie

**Valerio.** Ich wollte, es ginge meinem Herrn ebenso.

**Leonce.** Meinst du, damit du zu deinen Prügeln kämst? Bist du so besorgt um deine Erziehung?

**Valerio.** O Himmel, man kömmt leichter zu seiner Erzeugung,
5 als zu seiner Erziehung. Es ist traurig, in welche Umstände einen andere Umstände[1] versetzen können! Was für Wochen hab ich erlebt, seit meine Mutter in die Wochen kam! Wie viel Gutes hab ich empfangen, das ich meiner Empfängnis zu danken hätte?

10 **Leonce.** Was deine Empfänglichkeit betrifft, so könnte sie es nicht besser treffen, um getroffen zu werden. Drück dich besser aus, oder du sollst den unangenehmsten Eindruck von meinem Nachdruck haben.

**Valerio.** Als meine Mutter um das Vorgebirg der guten Hoffnung
15 schiffte[2] ...

**Leonce.** Und dein Vater an Cap Horn[3] Schiffbruch litt[4] ...

**Valerio.** Richtig, denn er war Nachtwächter. Doch setzte er das Horn nicht so oft an die Lippen, als die Väter edler Söhne an die Stirn.

20 **Leonce.** Mensch, du besitzest eine himmlische Unverschämt-heit. Ich fühle ein gewisses Bedürfnis, mich in nähere Berührung mit ihr zu setzen. Ich habe eine große Passion[5] dich zu prügeln.

**Valerio.** Das ist eine schlagende Antwort und ein triftiger
25 Beweis.

**Leonce** *(geht auf ihn los)*. Oder du bist eine geschlagene Antwort. Denn du bekommst Prügel für deine Antwort.

---

1 Schwangerschaft

2 um das Vorgebirg der guten Hoffnung schiffte: bildhafte Umschreibung für Schwangerschaft („in guter Hoffnung sein"); Anspielung auf das „Kap der guten Hoffnung", eine ins Meer hineinragende Südspitze Afrikas

3 in Chile gelegene Südspitze Amerikas; hier Anspielung darauf, dass Valerios Mutter ihren Mann mit einem anderen betrogen, ihm also „Hörner aufgesetzt" habe

4 „Schiffbruch erleiden" war zur Zeit Büchners ein geflügeltes Wort für das Scheitern in Liebesangelegenheiten.

5 starke, leidenschaftliche Neigung, Lust

**Valerio** *(läuft weg, Leonce stolpert und fällt)*. Und Sie sind ein
    Beweis, der noch geführt werden muss, denn er fällt über
    seine eigenen Beine, die im Grund genommen selbst noch zu
    beweisen sind. Es sind höchst unwahrscheinliche Waden und
5    sehr problematische Schenkel.

    *Der Staatsrat tritt auf. Leonce bleibt auf dem Boden sitzen. Valerio.*

**Präsident.** Eure Hoheit verzeihen ...
**Leonce.** Wie, mir selbst! Wie mir selbst! Ich verzeihe mir die
    Gutmütigkeit Sie anzuhören. Meine Herren wollen Sie nicht
    Platz nehmen? – Was die Leute für Gesichter machen, wenn
10    sie das Wort Platz hören! Setzen Sie sich nur auf den Boden
    und genieren Sie sich nicht. Es ist doch der letzte Platz, den
    Sie einmal erhalten, aber er trägt niemand etwas ein, als dem
    Totengräber.
**Präsident** *(verlegen mit den Fingern schnipsend)*. Geruhen Eure
15    Hoheit ...
**Leonce.** Aber schnipsen Sie nicht so mit den Fingern, wenn Sie
    mich nicht zum Mörder machen wollen.
**Präsident** *(immer stärker schnipsend)*. Wollten gnädigst, in
20    Betracht ...
**Leonce.** Mein Gott, stecken Sie doch die Hände in die Hosen,
    oder setzen Sie sich darauf. Er ist ganz aus der Fassung.
    Sammeln Sie sich.
**Valerio.** Man darf Kinder nicht während des Pissens unterbre-
25    chen, sie bekommen sonst eine Verhaltung[1].
**Leonce.** Mann, fassen Sie sich. Bedenken Sie Ihre Familie und
    den Staat. Sie riskieren einen Schlagfluss[2], wenn Ihnen Ihre
    Rede zurücktritt.
**Präsident** *(zieht ein Papier aus der Tasche)*. Erlauben Eure
30    Hoheit. –
**Leonce.** Was, Sie können schon lesen? Nun denn ...
**Präsident.** Dass man der zu erwartenden Ankunft von Eurer
    Hoheit verlobter Braut, der durchlauchtigsten Prinzessin

---

[1] Urinstauung
[2] Schlaganfall

Lena von Pipi, auf morgen sich zu gewärtigen habe, davon
lässt Ihro königliche Majestät Eure Hoheit benachrichtigen.
**Leonce.** Wenn meine Braut mich erwartet, so werde ich ihr den
Willen tun und sie auf mich warten lassen. Ich habe sie
5   gestern Nacht im Traum gesehen, sie hatte ein Paar Augen so
groß, dass die Tanzschuhe meiner Rosetta zu Augenbraunen
darüber gepasst hätten, und auf den Wangen war kein
Grübchen zu sehen, sondern ein Paar Abzugsgruben für das
Lachen. Ich glaube an Träume. Träumen Sie auch zuweilen
10   Herr Präsident? Haben Sie auch Ahnungen?
**Valerio.** Versteht sich. Immer die Nacht vor dem Tag, an dem ein
Braten an der königlichen Tafel verbrennt, ein Kapaun[1]
krepiert, oder Ihre königliche Majestät Leibweh bekommt.
**Leonce.** A propos[2], hatten Sie nicht noch etwas auf der Zunge?
15   Geben Sie nur alles von sich.
**Präsident.** An dem Tage der Vermählung ist ein höchster Wille
gesonnen, seine allerhöchsten Willensäußerungen in die
Hände Eurer Hoheit niederzulegen.
**Leonce.** Sagen Sie einem höchsten Willen, dass ich alles tun
20   werde, das ausgenommen, was ich werde bleiben lassen, was
aber jedenfalls nicht so viel sein wird, als wenn es noch
einmal so viel wäre. – Meine Herren, Sie entschuldigen, dass
ich Sie nicht begleite, ich habe gerade die Passion zu sitzen,
aber meine Gnade ist so groß, dass ich sie ja mit den Beinen
25   doch nicht ausmessen kann. *(Er spreizt die Beine auseinander.)*
Herr Präsident, nehmen Sie doch das Maß, damit Sie mich
später daran erinnern. Valerio gib den Herren das Geleite.
**Valerio.** Das Geläute? Soll ich dem Herrn Präsidenten eine
Schelle anhängen[3]? Soll ich sie führen, als ob sie auf allen
30   vieren gingen?
**Leonce.** Mensch, du bist nichts als ein schlechtes Wortspiel. Du
hast weder Vater noch Mutter, sondern die fünf Vokale haben
dich miteinander erzeugt.

---

[1]   kastrierter, gemästeter Hahn
[2]   Nebenbei erwähnt
[3]   eine Schelle anhängen: zum Narren machen

**Valerio.** Und Sie Prinz, sind ein Buch ohne Buchstaben, mit
nichts als Gedankenstrichen. – Kommen Sie jetzt meine
Herren. Es ist eine traurige Sache um das Wort k o m m e n,
will man ein Einkommen, so muss man stehlen, an ein
5 Aufkommen ist nicht zu denken, als wenn man sich hängen
lässt, ein Unterkommen findet man erst, wenn man begraben
wird, und ein Auskommen hat man jeden Augenblick mit
seinem Witz, wenn man nichts mehr zu sagen weiß, wie ich
zum Beispiel eben, und Sie, e h e Sie noch etwas gesagt
10 haben. Ihr Abkommen haben Sie gefunden und Ihr Fortkom-
men werden Sie jetzt zu suchen ersucht. *(Staatsrat und
Valerio ab.)*

**Leonce** *(allein)*. Wie gemein ich mich zum Ritter an den armen
Teufeln gemacht habe! Es steckt nun aber doch einmal ein
15 gewisser Genuss in einer gewissen Gemeinheit. – Hm! Heiraten! Das heißt einen Ziehbrunnen leer trinken. O Shandy[1],
alter Shandy, wer mir deine Uhr schenkte! – *(Valerio kommt
zurück.)* Ach Valerio, hast du es gehört?

**Valerio.** Nun Sie sollen König werden, das ist eine lustige Sache.
20 Man kann den ganzen Tag spazieren fahren und den Leuten
die Hüte verderben durchs viele Abziehen, man kann aus
ordentlichen Menschen ordentliche Soldaten ausschneiden,
sodass alles ganz natürlich wird, man kann schwarze Fräcke
und weiße Halsbinden zu Staatsdienern machen, und wenn
25 man stirbt, so laufen alle blanken Knöpfe blau an und die
Glockenstricke reißen wie Zwirnfaden vom vielen Läuten. Ist
das nicht unterhaltend?

**Leonce.** Valerio! Valerio! Wir müssen was anderes treiben. Rate!
**Valerio.** Ach die Wissenschaft, die Wissenschaft! Wir wollen
30 Gelehrte werden! a priori[2]? oder a posteriori[3]?

---

[1] Figur aus dem Roman „Tristram Shandy" von Laurence Sterne
(1713–1768). Der Vater der Hauptfigur erinnert sich jeden Monat beim
Aufziehen seiner Uhr an seine ehelichen Pflichten.

[2] (lat.:) von vornherein; in der Philosophie die Erkenntnis vor jeder Erfah-
rung

[3] (lat.:) im Nachhinein; in der Philosophie die Erkenntnis aus der Erfah-
rung

**Leonce.** A priori, das muss man bei meinem Herrn Vater lernen; und a posteriori fängt alles an, wie ein altes Märchen: es war einmal!

**Valerio.** So wollen wir Helden werden. *(Er marschiert trompetend und trommelnd auf und ab.)* Trom – trom – pläre – plem!

**Leonce.** Aber der Heroismus[1] fuselt[2] abscheulich und bekommt das Lazarettfieber und kann ohne Lieutenants und Rekruten nicht bestehen. Pack dich mit deiner Alexanders- und Napoleonsromantik![3]

**Valerio.** So wollen wir Genies werden.

**Leonce.** Die Nachtigall der Poesie schlägt den ganzen Tag über unserm Haupt, aber das Feinste geht zum Teufel, bis wir ihr die Federn ausreißen und in die Tinte oder die Farbe tauchen.

**Valerio.** So wollen wir nützliche Mitglieder der menschlichen Gesellschaft werden.

**Leonce.** Lieber möchte ich meine Demission[4] als Mensch geben.

**Valerio.** So wollen wir zum Teufel gehen.

**Leonce.** Ach der Teufel ist nur des Kontrastes wegen da, damit wir begreifen sollen, dass am Himmel doch eigentlich etwas sei. *(Aufspringend.)* Ah Valerio, Valerio, jetzt hab ich's! Fühlst du nicht das Wehen aus Süden? Fühlst du nicht wie der tiefblaue glühende Äther[5] auf und ab wogt, wie das Licht blitzt von dem goldnen, sonnigen Boden, von der heiligen Salzflut und von den Marmor-Säulen und Leibern? Der große Pan[6] schläft und die ehernen Gestalten träumen im Schatten über den tiefrauschenden Wellen von dem alten Zaubrer Virgil[7],

---

[1]  Heldentum, Heldenkult
[2]  fuseln: nach Alkohol riechend
[3]  Anspielung auf die Verehrung der Eroberer Alexander und Napoleon zu Büchners Zeit
[4]  (lat.:) Abdankung, Rücktritt
[5]  Himmel
[6]  Hirtengott aus der griech. Mythologie, der zur Mittagszeit schläft
[7]  Publius Vergilius Maro (70–19 v. Chr.) gilt als wichtigster Dichter der klassischen römischen Antike. Im Mittelalter entstand die Legende von seinen magischen Kräften.

*alte Leonce → Müßiggang*

vom Tarantella[1] und Tambourin[2] und tiefen tollen Nächten,
voll Masken, Fackeln und Guitarren. Ein Lazzaron[3]! Valerio!
ein Lazzaroni! Wir gehen nach Italien.[4]

*hat Italienkult nicht wirklich verstanden* ⌐ *Kunst und Kultur am lebendigsten* *(Geschichten & Mythen ausgelöst durch Goethe)*

## Vierte Szene

*Ein Garten.*
*Prinzessin Lena im Brautschmuck. Die Gouvernante.*

**Lena.** Ja, jetzt. Da ist es. Ich dachte die Zeit an nichts. Es ging so
5  hin, und auf einmal richtet sich der Tag vor mir auf. Ich habe
den Kranz im Haar – und die Glocken, die Glocken! *(Sie lehnt
sich zurück und schließt die Augen.)* Sieh, ich wollte, der Rasen
wüchse so über mich und die Bienen summten über mir hin;
sieh, jetzt bin ich eingekleidet und habe Rosmarin[5] im Haar.
10  Gibt es nicht ein altes Lied:

  Auf dem Kirchhof will ich liegen
  Wie ein Kindlein in der Wiegen, –

**Gouvernante.** Armes Kind, wie Sie bleich sind unter Ihren
blitzenden Steinen.

15  **Lena.** O Gott, ich könnte lieben, warum nicht? Man geht ja so
einsam und tastet nach einer Hand, die einen hielte, bis die
Leichenfrau die Hände auseinandernähme und sie jedem
über der Brust faltete. Ab warum schlägt man einen Nagel
durch zwei Hände[6], die sich nicht suchten? Was hat meine
20  arme Hand getan? *(Sie zieht einen Ring vom Finger.)* Dieser
Ring sticht mich wie eine Natter.

**Gouvernante.** Aber – er soll ja ein wahrer Don Carlos[7] sein.

---

[1]  ein in Neapel populärer Volkstanz
[2]  ein provenzalischer Tanz
[3]  Lazzarone: Armer, Bettler, auch Müßiggänger
[4]  Zur Zeit Büchners gab es in Deutschland einen sehr starken Italienkult.
[5]  Der Rosmarin-Strauch wird im Süden Deutschlands häufig bei Hochzei-
   ten, in Norddeutschland allerdings auch als Trauerpflanze verwendet.
[6]  Anspielung auf die Kreuzigung Christi
[7]  Held aus Schillers gleichnamigem Drama, bekannt für seine edle,
   schwärmerische Gesinnung

**Lena.** Aber – ein Mann –

**Gouvernante.** Nun?

**Lena.** Den man nicht liebt. *(Sie erhebt sich.)* Pfui! Siehst du, ich
schäme mich. – Morgen ist aller Duft und Glanz von mir
gestreift. Bin ich denn wie die arme, hilflose Quelle, die jedes
Bild, das sich über sie bückt, in ihrem stillen Grund abspie-
geln muss? Die Blumen öffnen und schließen, wie sie wollen,
ihre Kelche der Morgensonne und dem Abendwind. Ist denn
die Tochter eines Königs weniger, als eine Blume?

**Gouvernante** *(weinend)*. Lieber Engel, du bist doch ein wahres
Opferlamm.

**Lena.** Jawohl – und der Priester hebt schon das Messer. – Mein
Gott, mein Gott, ist es denn wahr, dass wir uns selbst erlösen
müssen mit unserem Schmerz? Ist es denn wahr, die Welt sei
ein gekreuzigter Heiland, die Sonne seine Dornenkrone und
die Sterne die Nägel und Speere in seinen Füßen und
Lenden?

**Gouvernante.** Mein Kind, mein Kind! ich kann dich nicht so
sehen. – Es kann nicht so gehen, es tötet dich. Vielleicht, wer
weiß! Ich habe so etwas im Kopf. Wir wollen sehen. Komm!
*(Sie führt die Prinzessin weg.)*

# Zweiter Akt

> Wie ist mir eine Stimme doch erklungen
> Im tiefsten Innern,
> Und hat mit einem Male mir verschlungen
> All mein Erinnern.
> Adalbert von Chamisso[1]

## Erste Szene

*Freies Feld. Ein Wirtshaus im Hintergrund.*
*Leonce und Valerio, der einen Pack trägt, treten auf.*

**Valerio** *(keuchend)*. Auf Ehre, Prinz, die Welt ist doch ein
ungeheuer weitläuftiges Gebäude.

**Leonce.** Nicht doch! Nicht doch! Ich wage kaum die Hände
auszustrecken, wie in einem engen Spiegelzimmer, aus
Furcht, überall anzustoßen, dass die schönen Figuren in
Scherben auf dem Boden lägen und ich vor der kahlen,
nackten Wand stünde.

**Valerio.** Ich bin verloren.

**Leonce.** Da wird niemand einen Verlust dabei haben als wer dich
findet.

**Valerio.** Ich werde mich wenigstens in den Schatten meines
Schattens stellen.

**Leonce.** Du verflüchtigst dich ganz an der Sonne. Siehst du die
schöne Wolke da oben? Sie ist wenigstens ein Viertel von dir.
Sie sieht ganz wohlbehaglich auf deine gröbere materielle
Stoffe herab.

**Valerio.** Die Wolke könnte Ihrem Kopf nichts schaden, wenn
man Ihnen denselben scheren und sie Tropfen für Tropfen
darauf fallen ließ. – Ein köstlicher Einfall. Wir sind schon

---

[1] Büchner zitiert hier Adalbert von Chamissos Gedicht „Die Blinde" unge-
nau, vermutlich aus dem Gedächtnis. Die Verse lauten: „Wie hat mir Einer Stimme Klang geklungen / Im tiefsten Innern, / Und zaubermächtig
alsobald verschlungen / All mein Erinnern!'

durch ein Dutzend Fürstentümer, durch ein halbes Dutzend
Großherzogtümer und durch ein paar Königreiche gelaufen
und das in der größten Übereilung in einem halben Tage[1]
und warum? Weil man König werden und eine schöne
Prinzessin heiraten soll. Und Sie leben noch in einer solchen
Lage? Ich begreife Ihre Resignation[2] nicht. Ich begreife nicht,
dass Sie nicht Arsenik[3] genommen, sich auf das Geländer des
Kirchturms gestellt und sich eine Kugel durch den Kopf
gejagt haben, um es ja nicht zu verfehlen.

10 **Leonce.** Aber Valerio, die Ideale[4]! Ich habe das Ideal eines
Frauenzimmers in mir und muss es suchen. Sie ist unendlich
schön und unendlich geistlos. Die Schönheit ist da so hülflos,
so rührend wie ein neugebornes Kind. Es ist ein köstlicher
Kontrast. Diese himmlisch stupiden[5] Augen, dieser göttlich
15 einfältige Mund, dieses schafnasige griechische Profil, dieser
geistige Tod in diesem geistigen Leib.

**Valerio.** Teufel! Da sind wir schon wieder auf der Grenze; das ist
ein Land wie eine Zwiebel, nichts als Schalen, oder wie
ineinandergesteckte Schachteln, in der größten sind nichts
20 als Schachteln und in der kleinsten ist gar nichts. *(Er wirft
seinen Pack zu Boden.)* Soll denn dieser Pack mein Grabstein
werden? Sehen Sie Prinz ich werde philosophisch, ein Bild
des menschlichen Lebens. Ich schleppe diesen Pack mit
wunden Füßen durch Frost und Sonnenbrand, weil ich
25 abends ein reines Hemd anziehen will und wenn endlich der
Abend kommt, so ist meine Stirn gefurcht, meine Wange
hohl, mein Auge dunkel und ich habe grade noch Zeit, mein
Hemd anzuziehen, als Totenhemd. Hätte ich nun nicht
gescheiter getan, ich hätte mein Bündel vom Stecken

---

[1]  Satire auf die deutschen Klein- und Kleinststaaten in der Vormärzzeit
[2]  hier: Unentschlossenheit
[3]  häufig auch Arsen genannt: pulverförmiges, weißes Gift; bis ins 19. Jahr-
      hundert das meistbenutzte Gift bei Giftmorden
[4]  Büchner parodiert hier das für die deutsche Klassik maßgebliche, insbe-
      sondere von Johann Joachim Winckelmann (1717–1768) propagierte
      Schönheitsideal der griechischen Antike.
[5]  stupid: dumm, stumpfsinnig

gehoben und es in der ersten besten Kneipe verkauft, und
hätte mich dafür betrunken und im Schatten geschlafen, bis
es Abend geworden wäre, und hätte nicht geschwitzt und mir
keine Leichdörner[1] gelaufen? Und Prinz, jetzt kommt die
5  Anwendung und die Praxis. Aus lauter Schamhaftigkeit
wollen wir jetzt auch den inneren Menschen bekleiden und
Rock und Hosen inwendig anziehen. *(Beide gehen auf das
Wirtshaus los.)* Ei du lieber Pack, welch ein köstlicher Duft,
welche Weindüfte und Bratengerüche! Ei ihr lieben Hosen,
10  wie wurzelt ihr im Boden und grünt und blüht und die
langen schweren Trauben hängen mir ins Maul und der Most
gärt unter der Kelter[2]. *(Sie gehen ab.)*

*Prinzessin Lena. Die Gouvernante.*

**Gouvernante.** Es muss ein bezauberter[3] Tag sein, die Sonne geht
nicht unter, und es ist so unendlich lang seit unsrer Flucht.
15  **Lena.** Nicht doch, meine Liebe, die Blumen sind ja kaum welk,
die ich zum Abschied brach, als wir aus dem Garten gingen.
**Gouvernante.** Und wo sollen wir ruhen? Wir sind noch auf gar
nichts gestoßen. Ich sehe kein Kloster, keine Eremiten[4], keine
Schäfer.
20  **Lena.** Wir haben alles wohl anders geträumt mit unsern Büchern
hinter der Mauer unsers Gartens, zwischen unsern Myrten[5]
und Oleandern.
**Gouvernante.** O die Welt ist abscheulich! An einen irrenden
Königssohn ist gar nicht zu denken.
25  **Lena.** O sie ist schön und so weit, so unendlich weit. Ich möchte
immer so fort gehen Tag und Nacht. Es rührt sich nichts. Was
ein roter Schein über den Wiesen spielt von den Kuckucks-

---

[1]  Hühneraugen; Schwielenbildung an der Hornhaut der Füße
[2]  Presse zur Herstellung von Fruchtsaft
[3]  verzauberter
[4]  Eremit: Einsiedler
[5]  Myrte: immergrüner Baum oder Strauch des Mittelmeergebietes, dessen
weiß blühende Zweige oft als Brautschmuck verwendet werden

blumen¹ und die fernen Berge liegen auf der Erde wie
ruhende Wolken.

**Gouvernante.** Du mein Jesus, was wird man sagen? Und doch ist
es so zart und weiblich! Es ist eine Entsagung. Es ist wie die
5  Flucht der heiligen Odilia². Aber wir müssen ein Obdach
suchen. Es wird Abend.

**Lena.** Ja die Pflanzen legen ihre Fiederblättchen zum Schlaf
zusammen und die Sonnenstrahlen wiegen sich an den
Grashalmen wie müde Libellen.

### Zweite Szene

*Das Wirtshaus auf einer Anhöhe an einem Fluss, weite Aussicht.*
*Der Garten vor demselben.*
*Valerio. Leonce.*

10  **Valerio.** Nun Prinz, liefern Ihnen Ihre Hosen nicht ein köstli-
ches Getränk? Laufen Ihnen Ihre Stiefel nicht mit der
größten Leichtigkeit die Kehle hinunter?

**Leonce.** Siehst du die alten Bäume, die Hecken, die Blumen, das
alles hat seine Geschichten, seine lieblichen heimlichen
15  Geschichten. Siehst du die greisen freundlichen Gesichter
unter den Reben an der Haustür? Wie sie sitzen und sich bei
den Händen halten und Angst haben, dass sie so alt sind und
die Welt noch so jung ist. O Valerio, und ich bin so jung und
die Welt ist so alt. Ich bekomme manchmal eine Angst um
20  mich und könnte mich in eine Ecke setzen und heiße Tränen
weinen aus Mitleid mit mir.

**Valerio** *(gibt ihm ein Glas).* Nimm diese Glocke, diese Taucher-
glocke und senke dich in das Meer des Weines, dass es Perlen
über dich schlägt. Sieh wie die Elfen über dem Kelch der

---

¹  Knabenkräuter (Pflanzen mit sexueller Symbolik)
²  Die heilige Odilia, die ihr Leben ganz Christi hingeben wollte, entfloh ihrem Vater, einem elsässischen Herzog, um einer Hochzeit zu entgehen.

Weinblumen schweben, goldbeschuht, die Cymbeln[1]
schlagend.

**Leonce** *(aufspringend).* Komm Valerio, wir müssen was treiben,
was treiben. Wir wollen uns mit tiefen Gedanken abgeben;
5    wir wollen untersuchen wie es kommt, dass der Stuhl auf drei
Beinen steht und nicht auf zwei, dass man sich die Nase mit
Hülfe der Hände putzt und nicht wie die Fliegen mit den
Füßen. Komm, wir wollen Ameisen zergliedern, Staubfäden
zählen; ich werde es doch noch zu irgendeiner fürstlichen
10   Liebhaberei bringen. Ich werde doch noch eine Kinderrassel
finden, die mir erst aus der Hang fällt, wenn ich Flocken lese
und an der Decke zupfe[2]. Ich habe noch eine gewisse Dosis
Enthusiasmus zu verbrauchen; aber wenn ich alles recht
warm gekocht habe, so brauche ich eine unendliche Zeit um
15   einen Löffel zu finden, mit dem ich das Gericht esse und
darüber steht es ab[3].

**Valerio.** Ergo bibamus.[4] Diese Flasche ist keine Geliebte, keine
Idee, sie macht keine Geburtsschmerzen, sie wird nicht
langweilig, wird nicht treulos, sie bleibt eins vom ersten
20   Tropfen bis zum letzten. Du brichst das Siegel und alle
Träume, die in ihr schlummern, sprühen dir entgegen.

**Leonce.** O Gott! Die Hälfte meines Lebens soll ein Gebet sein,
wenn mir nur ein Strohhalm beschert wird, auf dem ich reite,
wie auf einem prächtigen Ross, bis ich selbst auf dem Stroh
25   liege[5]. – Welch unheimlicher Abend. Da unten ist alles still
und da oben wechseln und ziehen die Wolken und der
Sonnenschein geht und kommt wieder. Sieh, was seltsame
Gestalten sich dort jagen, sieh die langen weißen Schatten
mit den entsetzlich magern Beinen und Fledermausschwin-
30   gen und alles so rasch, so wirr und da unten rührt sich kein
Blatt, kein Halm. Die Erde hat sich ängstlich zusammenge-

---

[1]  Zimbel: Schlaginstrument, Glockenspiel
[2]  Anspielung auf die unkontrollierten Handbewegungen von Schwerkran-
     ken, die als Symptome des nahen Todes galten
[3]  abstehen (hier): schal werden
[4]  (lat.:) Also, lasst uns trinken!
[5]  auf dem Stroh liegen; (hier): sterben

schmiegt, wie ein Kind und über ihre Wiege schreiten die
Gespenster.

**Valerio.** Ich weiß nicht, was Ihr wollt, mir ist ganz behaglich
zumut. Die Sonne sieht aus wie ein Wirtshausschild und die
feurigen Wolken darüber, wie die Aufschrift: Wirtshaus zur
goldnen Sonne. Die Erde und das Wasser da unten sind wie
ein Tisch auf dem Wein verschüttet ist und wir liegen darauf
wie Spielkarten, mit denen Gott und der Teufel aus Langeweile eine Partie machen und Ihr seid der Kartenkönig und ich
bin ein Kartenbube, es fehlt nur noch eine Dame, eine schöne
Dame, mit einem großen Lebkuchenherz auf der Brust und
einer mächtigen Tulpe, worin die lange Nase sentimental
versinkt, *(die Gouvernante und die Prinzessin treten auf)* und
– bei Gott da ist sie! Es ist aber eigentlich keine Tulpe,
sondern eine Prise Tabak und es ist eigentlich keine Nase,
sondern ein Rüssel. *(Zur Gouvernante.)* Warum schreiten Sie,
Werteste, so eilig, dass man Ihre weiland[1] Waden bis zu Ihren
respektabeln Strumpfbändern sieht?

**Gouvernante** *(heftig erzürnt, bleibt stehen)*. Warum reißen Sie,
Geehrtester, das Maul so weit auf, dass Sie einem ein Loch in
die Aussicht machen?

**Valerio.** Damit Sie, Geehrteste, sich die Nase am Horizont nicht
blutig stoßen. Ihre Nase ist wie der Turm auf Libanon, der
gen Damaskus steht.

**Lena** *(zur Gouvernante)*. Meine Liebe, ist denn der Weg so lang?

**Leonce** *(träumend vor sich hin)*. O, jeder Weg ist lang! Das Picken
der Totenuhr[2] in unserer Brust ist langsam und jeder Tropfen
Blut misst seine Zeit und unser Leben ist ein schleichend
Fieber. Für müde Füße ist jeder Weg zu lang ...

**Lena** *(die ihm ängstlich sinnend zuhört)*. Und für müde Augen
jedes Licht zu scharf und müde Lippen jeder Hauch zu
schwer *(lächelnd)* und müde Ohren jedes Wort zu viel. *(Sie
tritt mit der Governante ins Haus.)*

---

[1]  einst, früher; „weiland Waden": „was früher mal Waden waren"
[2]  hier: Schlagen des Herzens

**Leonce.** O lieber Valerio! Könnte ich nicht auch sagen „Sollte
nicht dies und ein Wald von Federbüschen, nebst ein Paar
gepufften Rosen auf meinen Schuhen – ?" Ich hab es glaub
ich ganz melancholisch gesagt. Gott sei Dank, dass ich
5  anfange mit der Melancholie niederzukommen[1]. Die Luft ist
nicht mehr so hell und kalt, der Himmel senkt sich glühend
dicht um mich und schwere Tropfen fallen. – O diese
Stimme: Ist denn der Weg so lang? Es reden viele
Stimmen über die Erde und man meint, sie sprächen von
10  andern Dingen, aber ich hab sie verstanden. Sie ruht auf mir
wie der Geist, da er über den Wassern schwebte, eh das Licht
ward.[2] Welch Gären in der Tiefe, welch Werden in mir, wie
sich die Stimme durch den Raum gießt. – Ist denn der Weg
so lang? *(Geht ab.)*

15  **Valerio.** Nein. Der Weg zum Narrenhaus ist nicht so lang, er ist
leicht zu finden, ich kenne alle Fußpfade alle Vicinalwege[3]
und Chausseen[4] dorthin. Ich sehe ihn schon auf einer breiten
Allee dahin, an einem eiskalten Wintertag den Hut unter dem
Arm, wie er sich in die langen Schatten unter die kahlen
20  Bäume stellt und mit dem Schnupftuch fächelt. – Er ist ein
Narr! *(Folgt ihm.)*

## Dritte Szene

*Ein Zimmer.*
*Lena. Die Gouvernante.*

**Gouvernante.** Denken Sie nicht an den Menschen.
**Lena.** Er war so alt unter seinen blonden Locken. Den Frühling
auf den Wangen, den Winter im Herzen. Das ist traurig. Der
25  müde Leib findet ein Schlafkissen überall, doch wenn der

---

[1] doppeldeutige Wendung, da „niederzukommen" einerseits „gebären",
   andererseits aber auch „erkranken" heißt
[2] Anspielung auf den biblischen Schöpfungsbericht (Gen 1,2 f.)
[3] Nebenwege
[4] Landstraßen

Geist müd ist, wo soll er ruhen? Es kommt mir ein entsetzlicher Gedanke, ich glaube es gibt Menschen, die unglücklich
sind, unheilbar, bloß weil sie sind. *(Sie erhebt sich.)*

**Gouvernante.** Wohin mein Kind!

5 **Lena.** Ich will hinunter in den Garten.

**Gouvernante.** Aber –

**Lena.** Aber, liebe Mutter, du weißt man hätte mich eigentlich in
eine Scherbe[1] setzen sollen. Ich brauche Tau und Nachtluft
wie die Blumen. Hörst du die Harmonien[2] des Abends? Wie
10 die Grillen den Tag einsingen und die Nachtviolen[3] ihn mit
ihrem Duft einschläfern! Ich kann nicht im Zimmer bleiben.
Die Wände fallen auf mich.

## Vierte Szene

*Der Garten. Nacht und Mondschein.*
*Man sieht Lena auf dem Rasen sitzend.*

**Valerio** *(in einiger Entfernung).* Es ist eine schöne Sache um die
Natur, sie ist aber doch nicht so schön, als wenn es keine
15 Schnaken gäbe, die Wirtsbetten etwas reinlicher wären und
die Totenuhren nicht so in den Wänden pickten. Drin
schnarchen die Menschen und draußen quaken die Frösche,
drin pfeifen die Hausgrillen und draußen die Feldgrillen.
Lieber Rasen, dies ist ein rasender Entschluss. *(Er legt sich auf*
20 *den Rasen nieder.)*

**Leonce** *(tritt auf).* O Nacht, balsamisch[4] wie die erste, die auf das
Paradies herabsank. *(Er bemerkt die Prinzessin und nähert sich*
*ihr leise.)*

**Lena** *(spricht vor sich hin).* Die Grasmücke[5] hat im Traum
25 gezwitschert, die Nacht schläft tiefer, ihre Wange wird

---

[1] hier: Blumentopf
[2] Harmonie: wohltuender Zusammenklang mehrerer Töne; schöner, ange-
    nehmer Klang
[3] Nachtviole: eine Zierpflanze
[4] wohlriechend; wie Balsam lindernd
[5] ein Singvogel

bleicher und ihr Atem stiller. Der Mond ist wie ein schlafen-
des Kind, die goldnen Locken sind ihm im Schlaf über das
liebe Gesicht heruntergefallen. – O sein Schlaf ist Tod. Wie
der tote Engel auf seinem dunkeln Kissen ruht und die Sterne
5    gleich Kerzen um ihn brennen. Armes Kind, kommen die
schwarzen Männer bald dich holen? Wo ist deine Mutter?
Will sie dich nicht noch einmal küssen? Ach es ist traurig, tot
und so allein.

**Leonce.** Steh auf in deinem weißen Kleid und wandle hinter der
10    Leiche durch die Nacht und singe ihr das Totenlied.

**Lena.** Wer spricht da?

**Leonce.** Ein Traum.

**Lena.** Träume sind selig.

**Leonce.** So träume dich selig, und lass mich dein seliger Traum
15    sein.

**Lena.** Der Tod ist der seligste Traum.

**Leonce.** So lass mich dein Todesengel sein. Lass meine Lippen
sich gleich seinen Schwingen auf deine Augen senken. *(Er
küsst sie.)* Schöne Leiche, du ruhst so lieblich auf dem
20    schwarzen Bahrtuch der Nacht, dass die Natur das Leben
hasst und sich in den Tod verliebt.

**Lena.** Nein, lass mich. *(Sie springt auf und entfernt sich rasch.)*

**Leonce.** Zu viel! zu viel! Mein ganzes Sein ist in dem einen
Augenblick. Jetzt stirb. Mehr ist unmöglich. Wie frischat-
25    mend, schönheitglänzend ringt die Schöpfung sich aus dem
Chaos mir entgegen. Die Erde ist eine Schale von dunkelm
Gold, wie schäumt das Licht in ihr und flutet über ihren Rand
und hellauf perlen daraus die Sterne. Meine Lippen saugen
sich daran: Dieser eine Tropfen Seligkeit macht mich zu
30    einem köstlichen Gefäß. Hinab heiliger Becher *(Er will sich
in den Fluss stürzen.)*

**Valerio** *(springt auf und umfasst ihn).* Halt Serenissime[1]!

**Leonce.** Lass mich!

**Valerio.** Ich werde Sie lassen, sobald Sie gelassen sind und das
35    Wasser zu lassen versprechen.

---

[1]  Anrede für einen regierenden Fürsten; Durchlaucht, Hoheit

**Leonce.** Dummkopf!

**Valerio.** Ist denn Eure Hoheit noch nicht über die Lieutenantsro-
mantik hinaus, das Glas zum Fenster hinauszuwerfen, womit
man die Gesundheit seiner Geliebten getrunken?

5 **Leonce.** Ich glaube halbwegs du hast recht.

**Valerio.** Trösten Sie sich. Wenn Sie auch nicht heut Nacht unter
dem Rasen schlafen, so schlafen Sie wenigstens darauf. Es
wäre ein ebenso selbstmörderischer Versuch in eins von den
Betten zu gehn. Man liegt auf dem Stroh wie ein Toter und

10 wird von den Flöhen gestochen wie ein Lebendiger.

**Leonce.** Meinetwegen. *(Er legt sich ins Gras.)* Mensch, du hast
mich um den schönsten Selbstmord gebracht. Ich werde in
meinem Leben keinen so vorzüglichen Augenblick mehr
dazu finden und das Wetter ist so vortrefflich. Jetzt bin ich

15 schon aus der Stimmung. Der Kerl hat mir mit seiner gelben
Weste und seinen himmelblauen Hosen[1] alles verdorben. –
Der Himmel beschere mir einen recht gesunden, plumpen
Schlaf.

**Valerio.** Amen. – Und ich habe ein Menschenleben gerettet und

20 werde mir mit meinem guten Gewissen heut Nacht den Leib
warm halten. Wohl bekomm's Valerio!

---

[1] Anspielung auf Goethes Werther, der in dieser Kleidung Selbstmord be-
geht

*[handschriftliche Notizen: Lena = Kunstfigur (nicht natürlich; real) + Leonce → sind austauschbar → symbolisieren den Adel → Büchners Kritik an der Gesellschaft]*

# Dritter Akt

## Erste Szene

*Leonce. Valerio.*

**Valerio.** Heiraten? Seit wann hat es Eure Hoheit zum ewigen
Kalender[1] gebracht?

**Leonce.** Weißt du auch, Valerio, dass selbst der Geringste unter
den Menschen so groß ist, dass das Leben noch viel zu kurz

5 ist, um ihn lieben zu können? Und dann kann ich doch einer
gewissen Art von Leuten, die sich einbilden, dass nichts so
schön und heilig sei, dass sie es nicht noch schöner und
heiliger machen müssten, die Freude lassen. Es liegt ein
gewisser Genuss in dieser lieben Arroganz. Warum soll ich

10 ihnen denselben nicht gönnen?

**Valerio.** Sehr human und philobestialisch[2]. Aber weiß sie auch,
wer Sie sind?

**Leonce.** Sie weiß nur dass sie mich liebt.

**Valerio.** Und weiß Eure Hoheit auch, wer sie ist?

15 **Leonce.** Dummkopf! Frag doch die Nelke und die Tauperle nach
ihrem Namen.

**Valerio.** Das heißt, sie ist überhaupt etwas, wenn das nicht schon
zu unzart ist und nach dem Signalement[3] schmeckt. – Aber,
wie soll das gehn? Hm! – Prinz, bin ich Minister, wenn Sie

20 heute vor Ihrem Vater mit der Unaussprechlichen, Namenlo-
sen, mittelst des Ehesegens zusammengeschmiedet werden?
Ihr Wort?

**Leonce.** Mein Wort!

---

[1] hier: zur Ehe

[2] analoge Bildung zu „philanthropisch" (= menschenfreundlich) mit der
Bedeutung „tierliebend"

[3] kurze Personenbeschreibung mithilfe von charakteristischen Merkma-
len; Steckbrief

**Valerio.** Der arme Teufel Valerio empfiehlt sich Sr.[1] Exzellenz
dem Herrn Staatsminister Valerio von Valeriental. – „Was will
der Kerl? Ich kenne ihn nicht. Fort Schlingel!" *(Er läuft weg,
Leonce folgt ihm.)*

## Zweite Szene

*Freier Platz vor dem Schlosse des Königs Peter.
Der Landrat. Der Schulmeister. Bauern im Sonntagsputz, Tannenzweige haltend.*

5 **Landrat.** Lieber Herr Schulmeister, wie halten sich Eure Leute?
**Schulmeister.** Sie halten sich so gut in ihren Leiden, dass sie sich
schon seit geraumer Zeit aneinander halten. Sie gießen brav
Spiritus[2] an sich, sonst könnten sie sich in der Hitze unmöglich so lange halten. Courage[3], Ihr Leute! Streckt Eure
10 Tannenzweige grad vor Euch hin, dass man meint, Ihr wärt
ein Tannenwald, Eure Nasen die Erdbeeren und Eure
Dreimaster[4] die Hörner vom Wildpret[5] und Eure hirschleder-
nen Hosen der Mondschein darin, und merkt's Euch, der
Hinterste läuft immer wieder vor den Vordersten, dass es
15 aussieht, als wärt Ihr ins Quadrat erhoben.
**Landrat.** Und Schulmeister, Ihr stehet vor[6] die Nüchternheit.
**Schulmeister.** Versteht sich, denn ich kann vor Nüchternheit
kaum mehr stehen.
**Landrat.** Gebt acht, Leute, im Programm steht: „Sämtliche
20 Untertanen werden von freien Stücken reinlich gekleidet,
wohlgenährt, und mit zufriedenen Gesichtern sich längs der
Landstraße aufstellen." Macht uns keine Schande!
**Schulmeister.** Seid standhaft! Kratzt Euch nicht hinter den
Ohren und schneuzt Euch die Nasen nicht mit den Fingern,

---

[1] Seiner
[2] hier: Branntwein, Schnaps
[3] Beherztheit, Mut, Unerschrockenheit
[4] hier: dreieckige Hüte
[5] Wildbret: (Fleisch vom) Wild
[6] Ihr bürgt für; Ihr steht für

solang das hohe Paar vorbeifährt und zeigt die gehörige
Rührung, oder es werden rührende Mittel gebraucht werden.
Erkennt was man für Euch tut, man hat Euch grade so
gestellt, dass der Wind von der Küche über Euch geht und Ihr
5 auch einmal in Eurem Leben einen Braten riecht.[7] Könnt Ihr
noch Eure Lektion? He! Vi!

**Bauern.** Vi!

**Schulmeister.** Vat!

**Bauern.** Vat!

10 **Schulmeister.** Vivat![8]

**Bauern.** Vivat!

**Schulmeister.** So Herr Landrat. Sie sehen wie die Intelligenz im
Steigen ist. Bedenken Sie, es ist Latein. Wir geben aber auch
heut Abend einen transparenten[9] Ball mittelst der Löcher in
15 unseren Jacken und Hosen, und schlagen uns mit unseren
Fäusten Kokarden[10] an die Köpfe.

## Dritte Szene

*Großer Saal. Geputzte Herren und Damen sorgfältig gruppiert.
Der Zeremonienmeister[11] mit einigen Bedienten auf dem
Vordergrund.*

**Zeremonienmeister.** Es ist ein Jammer. Alles geht zugrund. Die
Braten schnurren ein. Alle Glückwünsche stehen ab. Alle
Vatermörder[12] legen sich um, wie melancholische Schweins-
20 ohren. Den Bauern wachsen die Nägel und der Bart wieder.
Den Soldaten gehn die Locken auf. Von den zwölf Unschuldi-

---

[7] satirische Anspielung auf die höfische Sitte der „offenen Tafel", bei der
die Untergebenen die Herrschenden beim Essen betrachten konnten

[8] (lat.:) Er möge leben!, Er lebe hoch!

[9] transparent: durchsichtig, durchschaubar

[10] Abzeichen, Hoheitszeichen an Uniformmützen; hier ironische Umschreibung von „blauen Flecken"

[11] Oberhofmarschall, der das höfische Zeremoniel beaufsichtigt

[12] steife Kragen

gen[1] ist keine, die nicht das horizontale Verhalten dem
senkrechten vorzöge. Sie sehen in ihren weißen Kleidchen
aus wie erschöpfte Seidenhasen und der Hof-Poet grunzt um
sie herum wie ein bekümmertes Meerschweinchen. Die
5  Herrn Offiziere kommen um all ihre Haltung. *(Zu einem
Diener.)* Sage doch dem Herrn Kandidaten, er möge seine
Buben einmal das Wasser abschlagen lassen. – Der arme
Herr Hofprediger! Sein Frack lässt den Schweif ganz
melancholisch hängen. Ich glaube er hat Ideale und verwan-
10  delt alle Kammerherrn in Kammerstühle. Er ist müde vom
Stehen.
**Zweiter Bediente.** Alles Fleisch verdirbt vom Stehen. Auch der
Hofprediger ist ganz abgestanden, seit er heut Morgen
aufgestanden.
**Zeremonienmeister.** Die Hofdamen stehen da, wie Gradier-
15  bäue[2], das Salz crystallisiert an ihren Halsketten.
**Zweiter Bediente.** Sie machen's sich wenigstens bequem. Man
kann ihnen nicht nachsagen, dass sie auf den Schultern
tragen. Wenn sie nicht offenherzig sind, so sind sie doch
offen bis zum Herzen.
20  **Zeremonienmeister.** Ja, sie sind gute Karten vom türkischen
Reich, man sieht die Dardanellen und das Marmormeer[3].
Fort, Ihr Schlingel! An die Fenster! Da kömmt Ihro Majestät.

*(König Peter und der Staatsrat treten ein.)*

**König Peter.** Also auch die Prinzessin ist verschwunden? Hat
man noch keine Spur von unserm geliebten Erbprinzen?
25  Sind meine Befehle befolgt? Werden die Grenzen beobachtet?
**Zeremonienmeister.** Ja, Majestät. Die Aussicht von diesem Saal
gestattet uns die strengste Aufsicht. *(Zu dem ersten Bedienten.)*
Was hast du gesehen?

---

[1]  hier: Ehrenjungfrauen
[2]  Gradieren: Vorgang zur Salzgewinnung
[3]  Hier Anspielung auf die freizügige Kleidung der Hofdamen. Die Dardanellen dienen als Meeresstraße zwischen dem östlichen Mittelmeer und
dem Binnenmeer zwischen dem europäischen und asiatischen Teil
der Türkei, dem Marmarameer.

**Erster Bediente.** Ein Hund, der seinen Herrn sucht, ist durch das
Reich gelaufen.

**Zeremonienmeister** *(zu einem andern).* Und du?

**Zweiter Bediente.** Es geht jemand auf der Nordgrenze spazieren,
5 aber es ist nicht der Prinz, ich könnte ihn erkennen.

**Zeremonienmeister.** Und du?

**Dritter Diener.** Sie verzeihen, nichts.

**Zeremonienmeister.** Das ist sehr wenig. Und du?

**Vierter Diener.** Auch nichts.

10 **Zeremonienmeister.** Das ist noch weniger.

**König Peter.** Aber, Staatsrat, habe ich nicht den Beschluss
gefasst, dass meine königliche Majestät sich an diesem Tag
freuen und dass an ihm die Hochzeit gefeiert werden sollte?
War das nicht unser festester Entschluss?

15 **Präsident.** Ja, Eure Majestät, so ist es protokolliert und aufge-
zeichnet.

**König Peter.** Und würde ich mich nicht kompromittieren[1], wenn
ich meinen Beschluss nicht ausführte?

**Präsident.** Wenn es anders für Eure Majestät möglich wäre sich
20 zu kompromittieren, so wäre dies ein Fall, worin sie sich
kompromittieren könnte.

**König Peter.** Habe ich nicht mein königliches Wort gegeben? Ja,
ich werde meinen Beschluss sogleich ins Werk setzen, ich
werde mich freuen. *(Er reibt sich die Hände.)* O ich bin
25 außerordentlich froh!

**Präsident.** Wir teilen sämtlich die Gefühle Eurer Majestät, soweit
es für Untertanen möglich und schicklich ist.

**König Peter.** O ich weiß mir vor Freude nicht zu helfen. Ich
werde meinen Kammerherrn rote Röcke machen lassen, ich
30 werde einige Kadetten zu Lieutenants machen, ich werde
meinen Untertanen erlauben – aber, aber, die Hochzeit?
Lautet die andere Hälfte des Beschlusses nicht, dass die
Hochzeit gefeiert werden sollte?

**Präsident.** Ja, Eure Majestät.

---

[1] bloßstellen, blamieren

**König Peter.** Ja, wenn aber der Prinz nicht kommt und die
Prinzessin auch nicht?

**Präsident.** Ja, wenn der Prinz nicht kommt und die Prinzessin
auch nicht, – dann – dann

5 **König Peter.** Dann, dann?

**Präsident.** Dann können sie sich allerdings nicht heiraten.

**König Peter.** Halt, ist der Schluss logisch? Wenn – dann – richtig
– Aber mein Wort, mein königliches Wort!

**Präsident.** Tröste sich Eure Majestät mit andern Majestäten. Ein
10 königliches Wort ist ein Ding, – ein Ding, – ein Ding, – das
nichts ist.

**König Peter** *(zu den Dienern).* Seht Ihr noch nichts?

**Diener.** Eure Majestät, nichts, gar nichts.

**König Peter.** Und ich hatte beschlossen mich so zu freuen, grade
15 mit dem Glockenschlag zwölf wollte ich anfangen und wollte
mich freuen volle zwölf Stunden – ich werde ganz melancholisch.

**Präsident.** Alle Untertanen werden aufgefordert die Gefühle
Ihrer Majestät zu teilen.

**Zeremonienmeister.** Denjenigen, welche kein Schnupftuch bei
20 sich haben, ist das Weinen jedoch Anstands halber untersagt.

**Erster Bediente.** Halt! Ich sehe was! Es ist etwas wie ein Vor-
sprung, wie eine Nase, das Übrige ist noch nicht über der
Grenze; und dann seh ich noch einen Mann und dann noch
zwei Personen entgegengesetzten Geschlechts.

25 **Zeremonienmeister.** In welcher Richtung?

**Erster Bediente.** Sie kommen näher. Sie gehn auf das Schloss zu.
Da sind sie.

> *(Valerio, Leonce, die Gouvernante und die
> Prinzessin treten maskiert auf.)*

**König Peter.** Wer seid Ihr?

**Valerio.** Weiß ich's? *(Er nimmt langsam hintereinander mehrere*
30 *Masken ab.)* Bin ich das? oder das? oder das? Wahrhaftig ich
bekomme Angst, ich könnte mich so ganz auseinanderschä-
len und blättern.

**König Peter** *(verlegen).* Aber – aber etwas musst Ihr denn doch
sein?

**Valerio.** Wenn Eure Majestät es so befehlen. Aber meine Herren
hängen Sie alsdann die Spiegel herum und verstecken Sie
5 Ihre blanken Knöpfe etwas und sehen Sie mich nicht so an,
dass ich mich in Ihren Augen spiegeln muss, oder ich weiß
wahrhaftig nicht mehr, wer ich eigentlich bin.

**König Peter.** Der Mensch bringt mich in Konfusion[1], zur
Desperation[2]. Ich bin in der größten Verwirrung.

10 **Valerio.** Aber eigentlich wollte ich einer hohen und geehrten
Gesellschaft verkündigen, dass hiemit die zwei weltberühm-
ten Automaten angekommen sind und dass ich vielleicht der
dritte und merkwürdigste von beiden bin, wenn ich eigentlich
selbst recht wüsste, wer ich wäre, worüber man übrigens sich
15 nicht wundern dürfte, da ich selbst gar nichts von dem weiß,
was ich rede, ja auch nicht einmal weiß, dass ich es nicht
weiß, sodass es höchst wahrscheinlich ist, dass man mich nur
so reden lässt und es eigentlich nichts als Walzen und
Windschläuche sind, die das alles sagen. *(Mit schnarrendem*
20 *Ton.)* Sehen Sie hier meine Herren und Damen, zwei
Personen beiderlei Geschlechts, ein Männchen und ein
Weibchen, einen Herrn und eine Dame. Nichts als Kunst und
Mechanismus, nichts als Pappendeckel und Uhrfedern. Jede
hat eine feine, feine Feder von Rubin[3] unter dem Nagel der
25 kleinen Zehe am rechten Fuß, man drückt ein klein wenig
und die Mechanik läuft volle fünfzig Jahre. Diese Personen
sind so vollkommen gearbeitet, dass man sie vor andern
Menschen gar nicht unterscheiden könnte, wenn man nicht
wüsste, dass sie bloße Pappdeckel sind, man könnte sie
30 eigentlich zu Mitgliedern der menschlichen Gesellschaft
machen. Sie sind sehr edel, denn sie sprechen hochdeutsch.
Sie sind sehr moralisch, denn sie stehen auf den Glockenschlag auf, essen auf den Glockenschlag zu Mittag, und

---

[1] Verwirrung
[2] Verzweiflung
[3] kostbarer roter Edelstein

gehen auf den Glockenschlag zu Bett, auch haben sie eine
gute Verdauung, was beweist, dass sie ein gutes Gewissen
haben. Sie haben ein feines sittliches Gefühl, denn die Dame
hat gar kein Wort für den Begriff Beinkleider, und dem Herrn
5 ist es rein unmöglich, hinter einem Frauenzimmer eine
Treppe hinauf – oder vor ihm hinunterzugehen. Sie sind sehr
gebildet, denn die Dame singt alle neuen Opern und der Herr
trägt Manschetten. Geben Sie acht, meine Herren und
Damen, sie sind jetzt in einem interessanten Stadium, der
10 Mechanismus der Liebe fängt an sich zu äußern, der Herr hat
der Dame schon einige Mal den Shawl[1] getragen, die Dame
hat schon einige Mal die Augen verdreht und gen Himmel
geblickt. Beide haben schon mehrmals geflüstert: Glaube,
Liebe, Hoffnung! beide sehen bereits ganz akkordiert[2] aus, es
15 fehlt nur noch das einzige Wörtchen: Amen.

**König Peter** *(den Finger an die Nase legend)*. In effigie[3]? in effigie?
Präsident, wenn man einen Menschen in effigie hängen lässt,
ist das nicht ebenso gut, als wenn er ordentlich gehängt
würde?

**Präsident.** Verzeihen, Eure Majestät, es ist noch viel besser, denn
20 es geschieht ihm kein Leid dabei, und er wird d e n n o c h
gehängt.

**König Peter.** Jetzt hab ich's. Wir feiern die Hochzeit in effigie.
*(Auf Leonce und Lena deutend.)* Das ist der Prinz, das ist die
Prinzessin. Ich werde meinen Beschluss durchsetzen, ich
25 werde mich freuen. Lasst die Glocken läuten, macht Eure
Glückwünsche zurecht, hurtig[4] Herr Hofprediger.

*(Der Hofprediger tritt vor, räuspert sich,
blickt einige Mal gen Himmel.)*

---

[1] Schal
[2] akkordieren: vereinbaren, übereinkommen
[3] (lat.:) in bildlicher Stellvertretung
[4] schnell, flink

**Valerio.** Fang an! Lass deine vermaledeiten[1] Gesichter und fang
an! Wohlauf!

**Hofprediger** *(in der größten Verwirrung)*. Wenn wir, oder, aber

**Valerio.** Sintemal und alldieweil[2] –

5 **Hofprediger.** Denn –

**Valerio.** Es war vor Erschaffung der Welt –

**Hofprediger.** Dass –

**Valerio.** Gott lange Weile hatte –

**König Peter.** Machen Sie es nur kurz, Bester.

10 **Hofprediger** *(sich fassend)*. Geruhen Eure Hoheit Prinz Leonce
vom Reiche Popo und geruhen Eure Hoheit Prinzessin Lena
vom Reiche Pipi, und geruhen Eure Hoheiten gegenseitig
sich beiderseitig einander zu wollen, so sagen Sie ein lautes
und vernehmliches Ja.

**Lena** *und* **Leonce.** Ja.

15 **Hofprediger.** So sage ich Amen.

**Valerio.** Gut gemacht, kurz und bündig, so wäre denn das
Männlein und das Fräulein erschaffen und alle Tiere des
Paradieses stehen um sie.

*(Leonce nimmt die Maske ab.)*

**Alle.** Der Prinz!

20 **König Peter.** Der Prinz! Mein Sohn! Ich bin verloren ich bin
betrogen! *(Er geht auf die Prinzessin los.)* Wer ist die Person?
Ich lasse alles für ungültig erklären.

**Gouvernante** *(nimmt der Prinzessin die Maske ab, triumphierend)*.
Die Prinzessin!

25 **Leonce.** Lena?

**Lena.** Leonce?

**Leonce.** Ei Lena, ich glaube das war die Flucht in das Paradies.
Ich bin betrogen.

**Lena.** Ich bin betrogen.

30 **Leonce.** O Zufall!

---

[1] vermaledeien: verfluchen, verwünschen

[2] sintemal und alldieweil (auch schon zu Büchners Zeit veraltete Floskel):
da, weil

**Lena.** O Vorsehung!

**Valerio.** Ich muss lachen, ich muss lachen. Eure Hoheiten sind
wahrhaftig durch den Zufall einander zugefallen, ich hoffe
Sie werden, dem Zufall zu gefallen, Gefallen aneinander
finden.

**Gouvernante.** Dass meine alten Augen das sehen konnten! Ein
irrender Königssohn! Jetzt sterb ich ruhig.

**König Peter.** Meine Kinder ich bin gerührt, ich weiß mich vor
Rührung kaum zu lassen. Ich bin der glücklichste Mann! Ich
lege aber auch hiermit feierlichst die Regierung in deine
Hände, mein Sohn, und werde sogleich ungestört jetzt bloß
nur noch zu denken anfangen. Mein Sohn, du überlässest
mir diese Weisen, *(er deutet auf den Staatsrat)* damit sie mich
in meinen Bemühungen unterstützen. Kommen Sie meine
Herren, wir müssen denken, ungestört denken. *(Er entfernt
sich mit dem Staatsrat.)* Der Mensch hat mich vorhin konfus
gemacht, ich muss mir wieder heraushelfen.

**Leonce** *(zu den Anwesenden)*. Meine Herren, meine Gemahlin
und ich bedauern unendlich, dass Sie uns heute so lange zu
Diensten gestanden sind. Ihre Stellung ist so traurig, dass wir
um keinen Preis Ihre Standhaftigkeit länger auf die Probe
stellen möchten. Gehn Sie jetzt nach Hause, aber vergessen
Sie Ihre Reden, Predigten und Verse nicht, denn morgen
fangen wir in aller Ruhe und Gemütlichkeit den Spaß noch
einmal von vorn an. Auf Wiedersehn!

*(Alle entfernen sich, Leonce, Lena, Valerio und die
Gouvernante ausgenommen.)*

**Leonce.** Nun, Lena, siehst du jetzt, wie wir die Taschen voll
haben, voll Puppen und Spielzeug? Was wollen wir damit
anfangen? Wollen wir ihnen Schnurrbärte machen und ihnen
Säbel anhängen? Oder wollen wir ihnen Fräcke anziehen,
und sie infusorische Politik[1] und Diplomatie treiben lassen
und uns mit dem Mikroskop danebensetzen? Oder hast du

---

[1] infusorische Politik: Politik von Kleinstlebewesen; in Anspielung auf Infu-
sionstierchen, einzellige Wimpertierchen

Verlangen nach einer Drehorgel auf der milchweiße ästhetische Spitzmäuse herumhuschen? Wollen wir ein Theater
bauen? *(Lena lehnt sich an ihn und schüttelt den Kopf.)* Aber ich
weiß besser was du willst, wir lassen alle Uhren zerschlagen,
alle Kalender verbieten und zählen Stunden und Monden nur
nach der Blumenuhr[1], nur nach Blüte und Frucht. Und dann
umstellen wir das Ländchen mit Brennspiegeln, dass es
keinen Winter mehr gibt und wir uns im Sommer bis Ischia
und Capri[2] hinaufdestillieren[3], und wir das ganze Jahr
zwischen Rosen und Veilchen, zwischen Orangen und
Lorbeern stecken.

**Valerio.** Und ich werde Staatsminister und es wird ein Dekret[4]
erlassen, dass wer sich Schwielen in die Hände schafft unter
Kuratel[5] gestellt wird, dass wer sich krank arbeitet kriminalis-
tisch strafbar ist, dass jeder der sich rühmt sein Brot im
Schweiße seines Angesichts zu essen, für verrückt und der
menschlichen Gesellschaft gefährlich erklärt wird und dann
legen wir uns in den Schatten und bitten Gott um Makkaroni,
Melonen und Feigen, um musikalische Kehlen, klassische
Leiber und eine kommode[6] Religion!

---

[1] ein Arrangement von Blumen, die sich zu unterschiedlichen Tageszeiten
öffnen und schließen, wodurch die Zeit „abgelesen" werden kann
[2] Mittelmeerinseln vor Neapel
[3] die Temperatur erhöhen
[4] Beschluss, Verfügung
[5] strenge Aufsicht, Kontrolle, Vormundschaft
[6] kommod: bequem, angenehm

# Anhang

Georg Büchner (1813–1837)

# 1. Biografisches

*Obwohl Georg Büchner bereits im Alter von 23 Jahren gestorben ist, hinterließ er eine breite, für viele Nachfolger maßgebende Spur. Er war Revolutionär, Dichter und Wissenschaftler. Seine Dramen „Dantons Tod", „Leonce und Lena" und „Woyzeck" werden bis heute weltweit aufgeführt, sein „Lenz" gehört zweifellos zu den wichtigsten Erzählungen in deutscher Sprache. Und auch seine damals in wenigen Tagen verfasste Flugschrift „Der Hessische Landbote" ist längst nicht vergessen und wird in eine Reihe mit anderen revolutionären Schriften, etwa von Marx und Engels, gestellt. Günter und Ingrid Oesterles Aufsatz vermittelt einen ersten Eindruck von Büchners kurzem, aber bewegtem Leben, das in den letzten drei Jahren von Verfolgung, Angst und Sorge geprägt war. Der danach abgedruckte Steckbrief, mit dem Büchner aufgrund „seiner" – so die Behördensprache –, indizierten Teilnahme an staatsverräterischen Handlungen" landesweit gesucht wurde, lässt die große Gefahr erahnen, in der er damals schwebte und der er durch seine Flucht nach Straßburg nur knapp entging. Abgeschlossen wird dieser biografische Teil des Anhangs mit dem Nachruf auf Büchner von Karl Gutzkow, einem langjährigen Freund und Förderer. Die in diesen Zeilen zum Ausdruck gebrachte Trauer offenbart schmerzlich, welch tiefe Lücke Büchners früher Tod gerissen hat – in seinen Familien- und Freundeskreis ebenso wie in die deutsche Literaturgeschichte.*

## Günter und Ingrid Oesterle: Georg Büchner

Büchner, (Karl) Georg, *17.10.1813 Goddelau bei Darmstadt, †19.2.1837 Zürich; Grabstätte: ebd., Germania-Hügel. – Dramatiker u. Erzähler. [...]

Seine Kindheit u. Schulzeit verlebte B., Sohn des Assessors[1] am
5 großherzogl. Medizinalkolleg, in der Residenzstadt Darmstadt, die sich dank der Kunstsinnigkeit des Großherzogs Ludwig I.[2] nach den Befreiungskriegen den Ruf einer Theater- u. Kulturstadt erwarb. Durch Elternhaus u. Schule erfuhr B. nicht nur eine breite u. vielseitige Bildung in Literatur u. Naturkunde; bezeugt sind auch

---

[1] Assessor: Beisitzer, Gehilfe im Amt
[2] badischer Großherzog (Amtszeit von 1818–1830)

entschiedene polit. Interessen des Schülers. „Darmstadt und Gießen waren seit der Restauration bekannte Herde des vaterländischen Freisinns", der „von der Universität aus auch in die Schulen eindrang",

Büchners Eltern: Caroline Louise Büchner, geb. Reuß, und Ernst Karl Büchner

berichtet der nur wenige Jahre ältere Georg Gottfried Gervinus[1] in seiner Autobiografie. Die überlieferten Aufsätze u. Reden B.s aus der Gymnasialzeit geben Einblick in eine an antiken Vorbildern orientierte Rhetorikschulung, deren Freiheitspathos, wie schon in der Französischen Revolution, politisch aktualisiert werden konnte. In der familiären Intimität einer feminin geprägten Lesekultur vertiefte er seine z. T. durch die Schule vermittelte Lektüre der griech. Literatur, der dt. Aufklärer u. Klassiker, der Romantiker, der Volkspoesie sowie der engl., span. u. frz. Literatur.

Im Spätherbst 1831 ging B. auf Wunsch seines Vaters zum Medizinstudium nach Straßburg, um in diesem „kleinen Paris" die gesellige Urbanität[2] u. empirische Wissenschaftsmethode der Franzosen kennenzulernen. Straßburg war seit je eine

Straßburg (Lithografie um 1845)

---

[1]   deutscher Historiker und nationalliberaler Politiker (1805–1871)
[2]   (lat. urbs: Stadt) Ideale wie Bildung, Weltläufigkeit, feines Wesen und Höflichkeit

Büchners Verlobte Louise Wilhelmine Jaeglé (1810–1880)

Stadt frz. u. dt. Kulturbegegnung; nach der Julirevolution von 1830 wurde sie ein Umschlagplatz neuer polit. Ideen, Treffpunkt republikan. Deutscher, Quartier dt. Flüchtlinge. Neben B.s Universitätsstudien traten die philosophisch, theologisch u. literarisch interessierte Geselligkeit der Theologenverbindung „Eugenia" auf der einen, höchstwahrscheinlich die Mitgliedschaft in der Straßburger Sektion der revolutionären Gesellschaft der Menschenrechte auf der anderen Seite. Im Frühjahr 1832 verlobte er sich heimlich mit der Pfarrerstochter Minna Jaeglé. Durch die hessen-darmstädt. Landesgesetze genötigt, setzte B. sein Studium ab Okt. 1833 an der Landesuniversität in der von ihm als beengend empfundenen Kleinstadt Gießen fort. Die Briefe an die Eltern u. die Geliebte sprechen von Krankheit, Melancholie, einer zurückgezogenen Lebensweise, vom Studium der Philosophie u. Geschichte der Französischen Revolution u., im sog. Fatalismusbrief (an die Braut, nach dem 10.3.1834), vom Einblick in den „grässlichen Fatalismus"[1] der Geschichte. Die Briefe verschweigen B.s Antwort auf diese Erkenntnisse: seine polit. Aktivitäten,

Friedrich Ludwig Weidig (1791–1837)

die im März 1834 zur Gründung der Gießener Gesellschaft der Menschenrechte u. zum Entwurf der dann von dem Butzbacher Rektor Friedrich Ludwig Weidig überarbeiteten u. mit „Der Hessische Landbote" betitelten Flugschrift führten.

---

[1] (lat. fatalis: das Schicksal betreffend) Weltanschauung, dass sämtliches Geschehen durch das Schicksal oder übergeordnete Kräfte bestimmt wird

Dass der erst 21-jährige B. innerhalb kürzester Zeit eine weichen-
stellende Position in der polit. Oppositionsbewegung einnehmen
konnte, erklärt sich z. T. aus der Lücke, die das Scheitern des Frankfurter Wachensturms vom April 1833 durch die Flucht verschiede-
⁵ ner Gießener Teilnehmer hinterlassen hatte. Mit den aus Straßburg mitgebrachten Erkenntnissen über
revolutionäre Formen polit. u. sozialer
Veränderung wirkte B. für eine Schwer-
punktverlagerung des oberhess. Wider-
¹⁰ stands von liberal-demokrat. Opposition zu sozialrevolutionärer Agitation[1].
Diskutiert wurden „egalitaristische und
frühkommunistische Gesellschaftstheo-
rien" (Thomas M. Mayer). Nach der Ver-
¹⁵ haftung Karl Minnigerodes, der am
1.8.1834 mit 139 Exemplaren des „Landboten" abgefangen wurde, nach strapa-
ziösen Tagesmärschen B.s, um die Be-

Karl Minnigerode
(1814–1894)

teiligten zu warnen, u. einer mit beispielloser Unerschrockenheit
²⁰ vorgetragenen Verteidigung vor dem Universitätsrichter Georgi
beorderte ihn der Vater im Sept. 1834 nach Darmstadt zurück.
Dort schrieb er, während er gleichzeitig die Darmstädter Gesellschaft der Menschenrechte reorganisierte u. geheime Vorbereitungen zur Gefangenenbefreiung unternahm, „in höchstens fünf Wo-
²⁵ chen" das Drama *Dantons Tod*, das weder als melanchol. Rückzug
vom revolutionären Handeln noch als Parteistück missdeutet werden darf. Es ist ein Drama der Verabschiedung von Illusionen. Im
Ineinanderspiegeln der Situation von 1794 u. der von 1834 gestaltet
es die „babylonische Verwirrung" revolutionärer Politik. B. wählt
³⁰ einen auf sechs Tage komprimierten Zeitraum aus der Nieder-
gangsphase jakobin. Herrschaft[2]; er greift, gestützt auf präzise his-

---

[1] (lat. agitare: aufregen, aufwiegeln, aber auch: schwenken, schütteln) politische Aufklärungsarbeit oder Werbung für politische bzw. soziale Ziele;
häufig auch abwertend gebraucht: Aufwiegler, Anstifter, Heizer, Unruhe-
stifter

[2] Herrschaft des wichtigsten politischen Klubs während der Frz. Revolution, benannt nach dem Pariser Dominikanerkloster St. Jakob

Danton vor dem Revolutionstribunal (Zeitgenössischer Stich)

tor. Kenntnisse, eine bis in die eigene Zeit strittige, afektisch[1], moralisch u. parteilich besetzte geschichtl. Konstellation heraus.
Rücksichtslos enthüllt das Drama den ideolog. Selbstbetrug u. die
Handlungshemmung der verschiedenen Akteure angesichts des
5 Machbarkeitsanspruchs von Revolution u. der Unkorrigierbarkeit
des revolutionären Gewaltprozesses. B. vermeidet „persuasive[2]
Textstrategien", selbst „die sich im Zuge der Textentwicklung auf-
bauenden Sinnmöglichkeiten" werden zerstört (Werner). Nicht
nur polit. Phrasen, abstraktes Pathos, revolutionäre Attitüden[3] u.
10 stoische[4] Gesten werden durchsichtig, auch der durch die Kunst
verstellte Blick auf die Wirklichkeit. Der große Weltriss der Französischen Revolution steigert sich zum „Riss in der Schöpfung" angesichts des allgegenwärtigen Leids. *Dantons Tod* verschärft bei-
des: das Bewusstsein für das unveränderte soziale Elend u. für den
15 individuellen Schmerz. Das dramentheoret. Mitleidspostulat wird

---

[1] von Gefühl oder Erregung beeinflusst
[2] persuasiv: überredend
[3] Attitüde: (innere) Haltung: nur den Anschein einer bestimmten Einstel-
lung vermittelnde Pose
[4] stoisch: von unerschütterlicher Ruhe, gleichmütig, gelassen

ebenso hinfällig wie das sozialethische u. theologische. Das Drama stellt die Französische Revolution als eine von Menschen zu verantwortende, gottlose u. unmenschl. Geschichte bloß, die selbst ihre Akteure entmächtigt.

5 Ehe noch – durch Vermittlung Karl Gutzkows[1] – ein gekürzter Vorabdruck von *Dantons Tod* im Hauptblatt des Frankfurter „Phönix" Ende März 1835 zu erscheinen begann, floh B. von Darmstadt nach Straßburg. Der um den 10.7.1835 erschienene Buchdruck passierte nach Gutzkows vorzensierender Redaktionsarbeit u. mit dem re-
10 zeptionssteuernden, verharmlosenden Untertitel *Dramatische Bilder aus Frankreichs Schreckensherrschaft* unbehelligt die Zensur. Die ständige Sorge um seine in Gefangenschaft geratenen Freunde u. um die eigene Sicherheit belasteten sein Leben in Straßburg u. später in Zürich. B. verwarf die Existenzmöglichkeit des freien
15 Schriftstellers. Die ihm von Gutzkow angebotene Mitarbeit an der „Deutschen Revue", vor dem Verbot des Jungen Deutschland noch attraktiv, akzeptierte er nur als Nebentätigkeit – aus Rücksicht auf die Eltern, aber auch aus Skepsis gegenüber dem begrenzten Wirkungsradius der Jungdeutschen („Sie werden nie über den Riss
20 zwischen der gebildeten und ungebildeten Gesellschaft hinauskommen"). B. unterwarf sich einer extremen Doppelbelastung. Mit ausdrückl. Verweis auf sein Vorbild Shakespeare, der „den Tag über" Schreiber war u. des „Nachts dichten" musste, widmete er sich tagsüber dem Studium der Medizin, Naturwissenschaften
25 (vgl. seine Abhandlung *Sur le système nerveux du barbeau*. Straßb. 1836) u. Philosophie, nachts der poetischen Produktion – B. erlebte nur noch den Druck (Ffm. 1835) der übersetzerischen Brotarbeiten *Lucretia Borgia* u. *Maria Tudor* nach Victor Hugo.

Der zufällige Entstehungsanlass des Lustspiels *Leonce und Lena*,
30 ein Preisausschreiben der Cotta'schen Verlagsbuchhandlung, führte bisweilen dazu, es innerhalb des Œvre[2] herabzusetzen als Gelegenheitsarbeit, geprägt durch Anpassungszwänge an die Gattungsvorgaben. Verharmlost zu einem „romantisch-ironischen Zwischenspiel" (Hans Mayer), erschien es als spätromant. Abwei-

---

[1]   deutscher Schriftsteller, Dramatiker und Journalist (1811–1878)
[2]   Gesamtwerk eines Künstlers

„Preisaufgabe" des Verlages J. G. Cotta

chung von der Linie des Frührealisten B. In der neueren Forschung
wird dagegen der krit. Gehalt akzentuiert: als Literatur-Komödie
getarnte Satire bzw. als Überbietungsform romant. Ironie. Martin
Walser pries die „geniale Genauigkeit", Walter Jens die anatomi-
5 sche Präzision von B.s Sprache; das gilt v. a. für *Woyzeck* u. *Lenz*.
*Leonce und Lena* hingegen prägt eine „zynische Kraftausdrücke"
nicht scheuende, „fast noch knabenhaft plaudernde Verbalität, die
Einfälle in der Luft entstehen lässt" (Robert Musil). Den spiele-
risch-artistischen Charakter des Lustspiels verstärkt die Rollenhaf-
10 tigkeit seiner Figuren u. die Fülle literar. Anspielungen u. Zitate.
Das Stück lebt von den Zwei- u. Mehrdeutigkeiten in Witz, Wortspiel u. Anspielung ebenso wie von dem Zusammenwirken von
Märchenhaftem und Satirischem, literar. und polit. Anspielung,
Kritik des Ästhetischen und des Gesellschaftlichen. So verleiht die
15 kindl. Verkleinerung des Reichs Peters von Popo zu einem Duodez-
Königtum, die kindersprachl. Herabsetzung der Herrscherfamili-
ennamen von Popo u. von Pipi sowie die Naivität des Wünschens
dem Stück Züge des Märchens. Gleichwohl ist satir. Schmälerung
unverkennbar, so in der Aufnahme der Tradition des „Dreckprin-
20 zen", in der Ironisierung der dt. Kleinstaaterei, am Ende in der De-
couvrierung[1] der Sozialutopie als gattungsgerechter Scheinlösung.

---

[1] decouvrieren: entlarven, etwas erkennbar machen

Satirisch bloßgelegt wird die höf. Inszenierungskunst des gesell-
schaftl. Lebens u. der Politik in der Ästhetik des Zeremoniells.
Doch als Leonce u. Lena, ohne voneinander zu wissen, auf die
Nachricht von ihrer bevorstehenden Verheiratung nach Italien,
5 d. h. ins klassische literar. Land individueller Selbstbefreiung, fliehen, wechseln sie nur in eine andere ästhetische Scheinwelt hinü-
ber, die sozialutopische wie gesellschaftskrit. „Gegenwelt" Arkadi-
ens. Auf die Wirklichkeitsverfehlung der höfisch illiteraten[1] Ästhetik
folgt die Ästhetisierung des Lebens durch Literatur. Zur Gesell-
10 schaftssatire hinzu tritt die Literatursatire.
Die „Treibhauswärme der damaligen Bildungsperiode" Darm-
stadts (Gervinus) hatte *Leonce und Lena* satir. Reliefs[2] gegeben.
Straßburg regte den Plan an, „den ge-
strandeten Poeten" Jakob Michael Rein-
15 hold Lenz zum Vorwurf einer „Novelle
Lenz" (Gutzkow) zu machen. Der voräs-
thetische, tagebuchartige Rechtferti-
gungsbericht des Pfarrers Oberlin über
Lenz' Aufenthalt im Steintal u. dessen
20 Abschiebung von dort vermittelte B. die
Etappen der psych. Erkrankung eines
Menschen, an der das im Pietismus[3]
wurzelnde mitleidige Sozialverhalten
des Pfarrers scheiterte. Aus Goethes
25 hochliterar. Konfessionsschrift *Dichtung*

Jakob Michael Reinhold
Lenz (1751–1792)

*und Wahrheit* trat ihm hingegen der Sturm-und-Drang-Literat Lenz
entgegen, ein mutwilliges, kränkelndes Genie, verfallen der Ästhetik u. „Zeitgesinnung" der Empfindsamkeit, welche Goethe mit
seiner „Schilderung Werthers abgeschlossen" wissen wollte. B.
30 folgte der Erwägung Goethes, Lenz „anschaulich" „schildernd" zu
behandeln, verweigerte sich aber Goethes Gleichsetzung von Le-
bens- u. Literaturgeschichte. Er schilderte nicht den Lebensweg
des Literaten, sondern den Menschen Lenz von der Zeit ab, wo er

---

[1]  illiterat: ungelehrt, nicht wissenschaftlich gebildet
[2]  Relief: plastisches Bildwerk auf einer Fläche
[3]  protestantische Bewegung des 17. und 18. Jahrhunderts

aus dem „Horizont der deutschen Literatur [...] verschwand [...], ohne im Leben eine Spur zurückzulassen" (Goethe). In Auseinandersetzungen mit literar. Vorläufern wie dem *Werther* u. gestützt auf authent. Material, entwarf der Spezialist auf dem Gebiet medi-
5 zinischer Nervenforschung eine „Anatomie der Lebens- und Gemütsstörung" (Gutzkow). Lenz' innerseelische Kämpfe, Ängste u. Schrecken u. ihre theolog. Implikationen werden gespiegelt in seiner Landschaftserfahrung. Seine Kunstreflexionen im sog. Kunstmonolog betreffen die antiklassizistische Wende der Literatur am
10 Ende der Kunstperiode, die B.s Text im Ganzen u. im Detail vollzieht. Arnold Zweig sah in ihm den Beginn der modernen europ. Prosa. *Lenz* überschreitet die Grenze von der Ästhetik zur Pathologie[1], vom Idealismus zum Realismus, von Mitleid zum Leid (Schings). Wie im Ästhetischen, so übertritt er auch im Theologi-
15 schen Grenzen. Lenz fordert einen Gott der Tat. Mit dem Zweifel an Gottes Mitleid u. Allmacht rückt das Fragment den „Tod Gottes" in Aussicht, mit der titanenhaften Selbstermächtigung des Menschen den Atheismus ins Zentrum. Nicht verschwiegen werden jedoch die mit dieser aktuellen religionskrit. Anklage – *Lenz* als
20 „polizeigerechtes Gegenstück" (Sengle) zu Gutzkows *Wally, die Zweiflerin* – involvierten subjektiven Risiker, die seelische Belastung u. Selbstgefährdung: *Lenz* befragt den Atheismus auf seine existenzielle Lebbarkeit.

Mit *Woyzeck*, so Elias Canetti, sei B. „der vollkommenste Umsturz
25 in der Literatur gelungen: die Entdeckung des Geringen". In der Figur Woyzecks betritt der Arme, der als Soldat u. Bediensteter zu wissenschaftl. Demonstrationen missbraucht wird, u. der Kranke, von Wahnvorstellungen Gehetzte, die Bühne. Zugleich wird die hochliterar. Schriftsprachigkeit der Figurenrede aufgelöst. „In der
30 gleichzeitigen stilistischen und inhaltlichen Revolution liegt die absolute Einmaligkeit des Woyzeck-Fragments" (Sengle). Wie die Figuren in *Dantons Tod*, wie Lenz, geht auch die Kunstgestalt Woyzeck zurück auf eine histor. Person. Johann Christian Woyzeck war

---

[1] Wissenschaft von den Krankheiten, ihrer Entstehung und der durch sie hervorgerufenen organisch-anatomischen Veränderungen

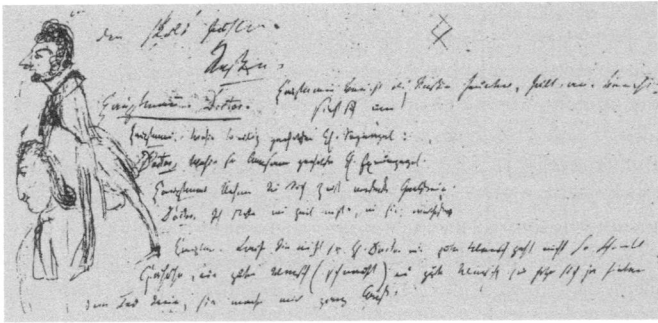

Aus Büchners „Woyzeck"-Handschriften

ein arbeitsloser Pauper[1] u. psychisch Kranker, der wegen Mordes
an seiner Geliebten 1824 hingerichtet wurde, nachdem ihn psychi-
atr. Gutachten für zurechnungsfähig erklärt hatten. Die Instanz der
Kunst eröffnet eine eigene Wahrnehmung des Geringen: der Ar-
5 beitshetze, der Demütigungen durch Vorgesetzte u. Geliebte, des
körperl. Verfalls u. der seelischen Verstörungen. Dantons Überle-
gung „Was ist das, was in uns hurt [...] und mordet!" impliziert eine
fatalistische Lösung des Problems der Willensfreiheit. B.s Dramenfragment spitzt diese Fragestellung zu u. führt zur Infragestellung
10 der Moral, Wissenschaft u. der sozialen Verhältnisse, die Woyzeck
zugrunde richten. Das Stück macht mit der Kritik an der Rhetorik
in *Dantons Tod* u. der Skepsis gegen die Literatursprache in *Leonce
und Lena* Ernst. B. filtert die überkommene literar. Schriftsprach-
lichkeit, bis sie der gesprochenen Sprache nahekommt – als Spra-
15 che des Geringen. Er erhöht die Aussagekraft nichtsprachl. Zeichen, von Stimmungen, Ahnungen, Körperwahrnehmungen und
-reaktionen. Entsprechend schwindet der dialogische Bezug der
Dramenpersonen, sie vereinzeln, vereinsamen, verstummen:
Auch die Sprache wird zu einer fremden, nicht verfügbaren Macht.
20 B.s unvergleichl. „Keuschheit fürs Geringe" (Canetti) mag sich der
Einsicht in eine Gewalt von Sprache verdanken, der sich die Dichtung ergeben muss, wenn sie ihre Figuren nicht überwältigen, son-

---

[1] (lat. pauper: arm) Bezeichnung für Massenarmut zur Zeit der Frühindus-
trialisierung (2. Hälfte des 18. Jh.)

dern sich „in das Leben des Geringsten" senken u. es wiedergeben will „in den Zuckungen, den Andeutungen dem ganzen feinen, kaum bemerkten Mienenspiel", wie es B.s Lenz fordert.

Prägend für die Frühphase der B.'schen Rezeption (durch Gutz-
5 kow, Hebbel, Herwegh u. a.) ist das Lob der unverbrauchten Darstellungskraft eines jungen, früh verstorbener Genies. Parallel dazu versuchten schon Wilhelm Schulz u. B.s Bruder Ludwig, seine politisch-revolutionäre Bedeutung zu dokumentieren. Die Kritik an B. konzentrierte sich, neben dem Vorwurf der Formlosigkeit, auf
10 die zuweilen als „empörend" (Hermann Marggraf) empfundene „Kühnheit" moralischer u. ästhetischer Grenzüberschreitungen. Das „Triviale" und die „Cynismen" bewogen sogar Ludwig Büchner, den *Woyzeck* nicht in B.s *Nachgelassene Schriften* (Ffm. 1850) aufzunehmen. Nach dem Rezeptionsschub, den die Publikation
15 der B.'schen *Sämmtlichen Werke* – darin erstmals das aufgrund eines Lesefehlers als *Wozzeck* betitelte Dramenfragment – durch Karl Emil Franzos (Ffm. 1879) auslöste, wurde die Zustimmung einhellig. Die Naturalisten um Hauptmann, aber auch Wedekind beginnen einen B.-Kult. Hinzu kam die um die Jahrhundertwende einset-
20 zende Theaterrezeption. Die unterschiedlichsten Avantgardebewegungen[1] beriefen sich fortan auf B. Die Uraufführung von Alban Bergs *Wozzeck* in der Berliner Staatsoper im Dez. 1925 machte Epoche in der Geschichte der Musikdramatik. B.s nachhaltige Wirkung überdauerte auch den Faschismus. Dank des (mit
25 einer Unterbrechung während der nationalsozialistischen Herrschaft) seit 1923 verliehenen Georg-Büchner-Preises vertiefte sich auch die öffentl. Auseinandersetzung mit B. Gerade die Künstlerreden belegen jedoch, dass bis auf den heutigen Tag B.s Wirkung nicht in der Wirkungsgeschichte seiner Werke aufgeht.

Aus: Walther Killy (Hg.): Literatur Lexikon. Band 2. Gütersloh/München 1989, S. 287–290

---

[1] Strömungen neuer Ideen und Richtungen, vor allem in der Kunst

**Steckbrief**

Der hierunter signalisierte Georg Büchner, Student der Medizin aus Darmstadt, hat sich der gerichtlichen Untersuchung seiner indizierten Teilnahme an staatsverräterischen Handlungen durch die Entfernung aus dem Vaterlande entzogen. Man ersucht deshalb die örtlichen Behörden des In- und Auslandes, denselben im Betretungsfalle festzunehmen und wohlverwahrt an die unterzeichnete Stelle abliefern zu lassen.

Darmstadt, den 13. Juni 1835.

Der vom Großh. Hess. Hofgericht der Provinz Oberhessen bestellte Untersuchungsrichter, Hofgerichtsrat Georgi.

**Personal-Beschreibung.**

| | |
|---|---|
| Alter: 21 Jahre, | Mund: klein, |
| Größe: 6 Schuh, 9 Zoll neuen | Bart: blond, |
| Hessischen Maßes, | Kinn: rund, |
| Haare: blond, | Angesicht: oval, |
| Stirne: sehr gewölbt, | Gesichtsfarbe: frisch, |
| Augenbrauen: blond, | Statur: kräftig, schlank, |
| Augen: grau, | Besondere Kennzeichen: |
| Nase: stark, | Kurzsichtigkeit. |

Büchners Steckbrief im Frankfurter Journal am 18. Juni 1835

# Karl Gutzkow: Nachruf auf Georg Büchner

*Ein Kind der neuen Zeit*

Um die Wehmut zu verstehen, welche diesen Nachruf an einen früh vollendeten jungen deutschen Dichter durchlebt, denke man sich eine Freundschaft, die aus der Ferne, ohne persönliche Begrüßung, nur durch wechselseitige Bestrebungen, durch gleiche Ge-
5 sinnungen hervorgerufen, und durch das Band objektiver Ideale zusammengehalten wurde! Man wechselt Briefe und Zusprüche, man tauscht seine Zukunft aus und schüttet das reiche Füll-
10 horn lachender, dreister Hoffnungen sich einander in den Schoß. Man spricht sich in trüben Stunden Mut zu und malt sich eine Wendung der Dinge aus, an welcher wir selbst vom Winde, der sich
15 dreht, gefasst werden dürften. Man hofft auf persönliche Begrüßung und gibt sich Kennzeichen, wenn man sich plötzlich begegnen sollte. Ein solcher Gemüt

Karl Gutzkow
(1811–1878)

und Geist bewegender Verkehr dauert ein Jahr; da tritt eine kleine
20 Pause ein, der eine bestellt sein Haus, der andre rüstet sich zu einer Reise und neuen Lebensbahn. Der Briefwechsel stockt. Man ist ohne Sorge über den still fortglimmenden Freundschaftsfunken und tritt eines Tages an einen Ort, wo sich das Echo der tausend Tagesgerüchte, der Irrtümer und der Verfolgungen in Zeitungen
25 durchkreuzt. Man ergreift sorglos eine derselben und liest, dass der Freund, der hoffnungsvolle, strebende, mutige, schon seit Monaten hinübergegangen ist in das Reich des Friedens, sanft entschlummert im Arme eitler Geliebten, ausgelöscht aus dem jungen Nachwuchsregister unsrer Hoffnungen, tot – ja mehr als tot
30 – schon seit Monden *verstorben*!

So ging es mir mit *Georg Büchner*, einem strebenden Jünglinge aus dem nahen Darmstadt, dessen Freundschaft ich mir durch die Tat erworben hatte und der sie mir leistete mit vollem, ideenreichem Herzen, einer Knospe, deren Entfaltung ein herrliches Farbenspiel

am Sonnenlicht gespiegelt hätte, die die volle Ahnung eines nicht bloß genießenden Frühlingslebens in
5 sich trug, sondern auch das Versprechen eines durch außerordentliche Fähigkeiten gesicherten Gewinnes für seine Nati-
10 on. Noch glaubt' ich einen jungen Titanen aus widerwärtigen Verhältnissen sich losringend zu wissen; und in dem Augenblicke
15 barg ihn schon der kühle Schoß der Erde. Ich sah ihn seine Waffenrüstung zum Kampfe mit der Un-bill der Zeiten schmücken

Der 1875 gesetzte Gedenkstein, um 1950

20 – und schon schlummerte er in jenem ewigen Reiche des Friedens, wo die Widersprüche versöhnt und der Egoismus des Zeitalters in kalte Asche verwandelt ist. Mein Herz bebte vor Rührung. Ich kann jenes tiefe, grausame Weh verstehen, auf dem Totenbette mit seiner Liebe zum Leben und seinen Zukunftsträumen zu ringen, sich
25 trennen zu müssen von dem Großen und Edlen, was man noch von sich bewahrheiten und bewähren wollte, und in jener Hand, die sich eben ausstreckte, um ein Reich des Ruhmes und der Ehre zu erobern, den lähmenden Tod zu fühlen! Junger Kämpe[1], vielleicht warst du ergeben, als sich die Sinne und dein Bewusstsein
30 lösten, vielleicht lächeltest du, schon verklärt über der Menschen ehrgeiziges Rennen und Treiben und dachtest selig, dass alles eitel wäre und auch die Irrtümer, die du bekämpfen wolltest, ja selbst die Dichterträume, die wie Lorbeer schon auf deiner Stirne lagen, an der Pforte der Ewigkeit zerschellen und wie bunte Farben sich in
35 Vergängliches auflösen. Vielleicht vermisstest du, schon im Vorho-

---

[1] veraltet für Kämpfer

fe der Ewigkeit, den Nachruf deiner Freunde nicht. Aber dennoch
sind sie ihn dir schuldig; sie müssen dein Andenken mit frischem
Rasen belegen und einen Kranz von Immergrün um das bescheid-
ne Kreuz hängen, welches deine Grabstätte bezeichnet. Du gehör-
5 test in die Legion der edlen Streiter für die Sache des Jahrhunderts.
Die Menschen, die du hasstest, sollen wissen, wer du warst; und
die du liebtest, sollen hören, was sie an dir verloren haben. [...]
Kaum hatte *Georg Büchner* ein Resultat, so erfuhren wir, dass er auf
dem Wege nach Straßburg war. Ein Steckbrief im Frankfurter Jour-
10 nal folgte ihm auf der Ferse. Er hatte in Darmstadt, vor seiner Familie sogar, verborgen gelebt, weil er jeden Augenblick fürchten
musste, in eine Untersuchung gezogen zu werden. Er war in jene
unglückseligen politischen Wirrnisse verwickelt, welche die Ruhe
so vieler Familien untergraben, so vielen Vätern ihre Söhne und
15 Frauen ihre Gatten genommen haben. Ob hn Verdacht oder eine
vorliegende Beschuldigung verfolgte, weiß ich nicht; man versi-
cherte, dass er den Frankfurter Vorfällen nicht fremd gewesen. Vielleicht hatten ihn auch nur seine in *Straßburg* früher fortgeführten
Studien verdächtig gemacht. Jedenfalls ergab sich, dass Büchner
20 die Partie der Flucht *gern* ergriff. Er war mit einer jungen Dame in
Straßburg versprochen; das Exil, für andre eine Plage, war Wohltat
für ihn. Er gestand mir ein, dass er die Teilnahme seiner (wahrscheinlich loyalen) Eltern durch seine tollkühnen Schritte auf eine
harte Probe stelle und dass er nicht den Mut hatte, diese abzuwar-
25 ten. Dies spornte ihn an, sich selbst einen Weg zur bürgerlichen
Existenz zu bahnen und von seinen Gaben die möglichen Vorteile
zu ziehen. [...]
Alles, was er berührte, wusste er in eine bedeutsame Form zu gießen. Er hatte die Rede und den Gedanken stets in gleicher Gewalt
30 und wusste mit einer an jungen Gelehrten so *seltenen* Besonnen-
heit, seine Ideen abzurunden und zu krystalisieren. Seine Inaugu-
rationsabhandlung[1] wird als ein seltner Beleg von Gelehrsamkeit
und Scharfsinn gerühmt; wie es denn nichts geben kann, was dem
Denker mehr einen Erfolg sichert, als eine solche Freiheit des Geis-
35 tes, eine solche dilettantische Unbefangenheit von Vorurteilen,

---

[1] Doktorarbeit

wenn sie sich einmal auf einen gegebenen Stoff wirft und eine Tradition toter Fakultätsbegriffe in ihrer lebendigen Weise prüft und sichtet. Büchner würde, wie Schiller, seine Dichterkraft durch die Philosophie geregelt und in der Philosophie mit der Freiheitsfackel
5 des Dichters die dunkelsten Gedankenregionen gelichtet haben. Alle diese Hoffnungen knickte der Sturm. Ein frühes Grab war der Punkt, in welchen sich all die frischen, kühnen Perioden, die wir von einem Jünglinge in diesen Mitteilungen gelesen haben, enden sollten. In dem Trotze, der aus diesem Charakter sprach, lachte der
10 Tod. Der Friedensbogen, der sich über diese gärende Kampfes- und Lebenslust zog, war die Sense des Schnitters[1], von welcher so frühe gemäht zu werden uns schmerzlich und fast mit einem gerechten Scheine die Unbill des Schicksals anklagen lässt. Könnt' ich diese Erinnerungsworte ansehen, als in Stein und nicht in Sand
15 gegraben, dass sie vom Winde nicht verweht werden! Könnt' ich in künftigen Darstellungen unsrer Zeit, wie sie war, rang, litt und hoffte, wenigstens den Namen *Georg Büchner* in der Zahl derjenigen, welche durch ihr Leben und ihr Arbeiten die Entwicklung unsrer Übergangsperiode bezeichnen, dauernd und mit goldnem Scheine
20 erhalten! Wenn die Flut der Vergessenheit über uns alle kömmt, möcht' er einer der ersten sein, von welchen, wenn der Zorn Gottes verronnen ist, ein grünes Blatt die Friedenstaube in die Arche der dann entscheidenden Gerechtigkeit trägt!

Aus: Georg Büchner: Werke und Briefe. München: dtv 1988, S. 396–405

---

[1] Schnitter: Sensenmann, hier als Personifikation des Todes

# 2. Briefe von Büchner

*Nur ein Bruchteil von Büchners Briefen ist erhalten, der weit größere Teil existiert nicht mehr. Viele Briefe wurden nach seinem Tod aus Vorsicht vernichtet, da sie die konspirativen politischen Aktivitäten von Büchner und seinen Mitstreitern thematisierten; andere Briefe wurden von den Hinterbliebenen aufgrund eigener Interessen nie zur Veröffentlichung freigegeben. Und auch der mysteriöse Brand 1851 in Büchners Zimmer im Darmstädter Elternhaus, dem etliche nachgelassene Papiere zum Opfer fielen, ist dafür verantwortlich, dass heute lediglich rund 70 (meist unvollständige) Briefe bekannt sind. Dies ist umso bedauerlicher, als sich Büchner auch in seiner Korrespondenz als brillanter, überaus origineller Stilist und scharfsinniger Beobachter zeigt, der die sozialen Ungerechtigkeiten seiner Zeit präzise aufdeckt und mit prägnanten Bildern beschreibt. Viele seiner Briefe – die Adressaten sind die Familie, etliche Bekannte und Freunde sowie seine Verlobte Minna Jaeglé – reflektieren die Möglichkeiten und Chancen revolutionärer Veränderungen. Sie sind geprägt von einer tiefen Menschlichkeit, einer leidenschaftlichen, entschlossenen Tatkraft, aber auch von einem kühl abwägenden Verstand. Darüber hinaus bezeugen Büchners Briefe ein weitgestreutes Interesse, das sich neben der Politik u. a. auch auf Literatur, Philosophie und die Naturwissenschaften richtet und eine Arbeitsdisziplin, die man angesichts von Büchners jungem Alter und seinen äußeren Lebensumständen nur bewundern kann. Wie sorgenvoll seine Existenz in den letzten Jahren war, lassen die Briefpassagen erahnen, in denen sich eine andere Seite Büchners zu Wort meldet: Hier dominieren Ängste und Depressionen, wird die Verzweiflung und Wut deutlich, in solch beschwerlichen, ungerechten Zeiten leben zu müssen. Im Folgenden ist eine kleine Auswahl von Büchners erhaltenen Briefen abgedruckt.*

## An die Familie

*(Straßburg, um den 6. April 1833)*
[...] Meine Meinung ist die: Wenn in unserer Zeit etwas helfen soll, so ist es *Gewalt*. Wir wissen, was wir von unseren Fürsten zu erwarten haben. Alles, was sie bewilligten, wurde ihnen durch die Not-

wendigkeit abgezwungen. Und selbst das Bewilligte wurde uns hingeworfen, wie eine erbettelte Gnade und ein elendes Kinderspielzeug, um dem ewigen Maulaffen *Volk* seine zu eng geschnürte Wickelschnur vergessen zu machen. Es ist eine blecherne Flinte
5 und ein hölzerner Säbel, womit nur ein Deutscher die Abgeschmacktheit begehen konnte, Soldatchens zu spielen. Unsere Landstände[1] sind eine Satire auf die gesunde Vernunft, wir können noch ein Säkulum[2] damit herumziehen, und wenn wir die Resultate dann zusammennehmen, so hat das Volk die schönen Reden sei-
10 ner Vertreter noch immer teurer bezahlt als der römische Kaiser, der seinem Hofpoeten für zwei gebrochene Verse 20 000 Gulden geben ließ. Man wirft den jungen Leuten den Gebrauch der Gewalt vor. Sind wir denn aber nicht in einem ewigen Gewaltzustand? Weil wir im Kerker geboren und großgezogen sind, merken wir nicht
15 mehr, dass wir im Loch stecken mit angeschmiedeten Händen und Füßen und einem Knebel im Munde. Was nennt Ihr denn *gesetzlichen Zustand*? Ein *Gesetz*, das die große Masse der Staatsbürger zum fronenden Vieh macht, um die unnatürlichen Bedürfnisse einer unbedeutenden und verdorbenen Minderzahl zu befriedigen?
20 Und dies Gesetz, unterstützt durch eine rohe Militärgewalt und durch die dumme Pfiffigkeit seiner Agenten, dies Gesetz ist eine *ewige, rohe Gewalt*, angetan dem Recht und der gesunden Vernunft, und ich werde mit *Mund* und *Hand* dagegen kämpfen, wo ich kann. Wenn ich an dem, was geschehen, keinen Teil genom-
25 men und an dem, was vielleicht geschieht, *keinen Teil* nehmen werde, so geschieht es weder aus Missbilligung noch aus Furcht, sondern nur weil ich im gegenwärtigen Zeitpunkt jede revolutionäre Bewegung als eine vergebliche Unternehmung betrachte und nicht die Verblendung derer teile, welche in den Deutschen ein zum
30 Kampf für sein Recht bereites Volk sehen. Diese tolle Meinung führte die Frankfurter Vorfälle herbei, und der Irrtum büßte sich schwer. Irren ist übrigens keine Sünde, und die deutsche Indiffe-

---

[1] Vertretungen der bevorrechtigten, dem Landesherrn gegenübertretenden Stände
[2] Jahrhundert

renz[1] ist wirklich von der Art, dass sie alle Berechnung zuschanden macht. Ich bedaure die Unglücklichen von Herzen. [...]

Aus: Georg Büchner: Werke und Briefe. München: dtv 1988, S. 278 f.

## An August Stoeber

*(Darmstadt, 9. Dezember 1833)*

[...] Ich werfe mich mit aller Gewalt in die Philosophie, die Kunstsprache ist abscheulich, ich meine, für menschliche Dinge müsse man auch menschliche Ausdrücke finden; doch das stört mich nicht, ich lache über meine Narrheit und meine, es gäbe im Grund
5 genommen doch nichts als taube Nüsse zu knacken. Man muss aber unter der Sonne doch auf irgendeinem Esel reiten und so sattle ich in Gottes Namen den meinigen; fürs Futter ist mir nicht bang, an Distelköpfen wird's nicht fehlen, solang die Buchdruckerkunst nicht verloren geht. [...]
10 Die politischen Verhältnisse könnten mich rasend machen. Das arme Volk schleppt geduldig den Karren, worauf die Fürsten und Liberalen ihre Affenkomödie spielen. Ich bete jeden Abend zum Hanf und zu d. Laternen. [...]

Aus: Georg Büchner: Werke und Briefe. München: dtv 1988 S. 284 f.

## An Minna Jaeglé

*(Gießen, um den 7. März 1834)*

[...] Der erste helle Augenblick seit acht Tagen. Unaufhörliches Kopfweh und Fieber, die Nacht kaum einige Stunden dürftiger Ruhe. Vor zwei Uhr komme ich in kein Bett, und dann ein beständiges Auffahren aus dem Schlaf und ein Meer vor Gedanken, in denen
5 mir die Sinne vergehen. Mein Schweigen quält dich wie mich, doch vermochte ich nichts über mich. Liebe, liebe Seele, vergisst du? Eben komme ich von draußen herein. Ein einziger, forthallender Ton aus tausend Lerchenkehlen schlägt durch die brütende Sommerluft, ein schweres Gewölk wandelt über die Erde der tiefbrau-

---

[1] Gleichgültigkeit

sende Wind klingt wie sein melodischer Schritt. Die Frühlingsluft
löste mich aus meinem Starrkrampf. Ich erschrak vor mir selbst.
Das Gefühl des Gestorbenseins war immer über mir. Alle Menschen machten mir das hippokratische Gesicht[1], die Augen ver-
5  glast, die Wangen wie von Wachs, und wenn dann die ganze Ma-
schinerie zu leiern anfing, die Gelenke zuckten, die Stimme
herausknarrte und ich das ewige Orgellied herumtrillern hörte und
die Wälzchen und Stiftchen im Orgelkasten hüpfen und drehen
sah, – ich verfluchte das Konzert, den Kasten, die Melodie und –
10  ach, wir armen schreienden Musikanten, das Stöhnen auf unsrer
Folter, wäre es nur da, damit es durch die Wolkenritzen dringend
und weiter, weiter klingend, wie ein melodischer Hauch in himmli-
schen Ohren stirbt? [...]

Aus: Georg Büchner: Werke und Briefe. München: dtv 1988, S. 287

## An Minna Jaeglé

*(Gießen, um den 9. – 12. März 1834)*
Hier ist kein Berg, wo die Aussicht frei ist. Hügel hinter Hügel und
breite Täler, eine hohe Mittelmäßigkeit in allem; ich kann mich
nicht an diese Natur gewöhnen, und die Stadt ist abscheulich. [...]
Schon seit einigen Tagen nehme ich jeden Augenblick die Feder in
5  die Hand, aber es war mir unmöglich, nur ein Wort zu schreiben.
Ich studierte die Geschichte der Revolution. Ich fühlte mich wie
zernichtet unter dem grässlichen Fatalismus der Geschichte. Ich
finde in der Menschennatur eine entsetzliche Gleichheit, in den
menschlichen Verhältnissen eine unabwendbare Gewalt, allen und
10  keinem verliehen. Der Einzelne nur Schaum auf der Welle, die Größe ein bloßer Zufall, die Herrschaft des Genies ein Puppenspiel,
ein lächerliches Ringen gegen ein ehernes Gesetz, es zu erkennen
das Höchste, es zu beherrschen unmöglich. Es fällt mir nicht mehr
ein, vor den Paradegäulen und Eckstehern der Geschichte mich zu
15  bücken. Ich gewöhnte mein Auge ans Blut. Aber ich bin kein Guil-
lotinenmesser. Das *muss* ist eins von den Verdammungsworten,

---

[1] hippokratisches Gesicht (med.): Gesichtsausdruck Schwerkranker und
Sterbender

womit der Mensch getauft worden. Der Ausspruch: es muss ja Är-
gernis kommen, aber wehe dem, durch den es kommt, – ist schau-
derhaft. Was ist das, was in uns lügt, mordet stiehlt? Ich mag dem
Gedanken nicht weiter nachgehen. Könnte ich aber dies kalte und
5 gemarterte Herz an deine Brust legen! B. wird dich über mein Befinden beruhigt haben, ich schrieb ihm. Ich verwünsche meine Gesundheit. Ich glühte, das Fieber bedeckte mich mit Küssen und
umschlang mich wie der Arm der Geliebten. Die Finsternis wogte
über mir, mein Herz schwoll in unendlicher Sehnsucht, es drangen
10 Sterne durch das Dunkel, und Hände und Lippen bückten sich nieder. Und jetzt? Und sonst? Ich habe nicht einmal die Wollust des
Schmerzes und des Sehnens. Seit ich über die Rheinbrücke ging,
bin ich wie in mir vernichtet, ein einzelnes Gefühl taucht nicht in
mir auf. Ich bin ein Automat; die Seele ist mir genommen. [...]

Aus: Georg Büchner: Werke und Briefe. München: dtv 1988, S. 288 f.

## An die Familie

*(Weißenburg, 9. März 1835)*
Eben lange ich wohlbehalten hier an. Die Reise ging schnell und
bequem vor sich. Ihr könnt, was meine persönliche Sicherheit an-
langt, völlig ruhig sein. Sicheren Nachrichten gemäß bezweifle ich
auch nicht, dass mir der Aufenthalt in Straßburg gestattet werden
5 wird. [...] Nur die dringendsten Gründe konnten mich zwingen, Vaterland und Vaterhaus in der Art zu verlassen. [...] Ich konnte mich
unserer politischen Inquisition stellen; von dem Resultat einer Untersuchung hatte ich nichts zu befürchten, aber alles von der Untersuchung selbst. [...] Ich bin überzeugt, dass nach einem Verlaufe
10 von zwei bis drei Jahren meiner Rückkehr nichts mehr im Wege
stehen wird. Diese Zeit hätte ich im Falle des Bleibens in einem
Kerker zu Friedberg versessen; körperlich und geistig zerrüttet wäre ich dann entlassen worden. Dies stand mir so deutlich vor Augen, dessen war ich so gewiss, dass ich das große Übel einer frei-
15 willigen Verbannung wählte. Jetzt habe ich Hände und Kopf frei.
[...] Es liegt jetzt alles in meiner Hand. Ich werde das Studium der
medizinisch-philosophischen Wissenschaften mit der größten An-

strengung betreiben, und auf dem Felde ist noch Raum genug, um etwas Tüchtiges zu leisten, und unsere Zeit ist gerade dazu gemacht, dergleichen anzuerkennen. Seit ich über der Grenze bin, habe ich frischen Lebensmut, ich stehe jetzt ganz allein, aber gerade das steigert meine Kräfte. Der beständigen geheimen Angst vor Verhaftung und sonstigen Verfolgungen, die mich in Darmstadt beständig peinigte, enthoben zu sein, ist eine große Wohltat. [...]

Aus: Georg Büchner: Werke und Briefe. München: dtv 1988, S. 288 f.

## An die Familie

*(Straßburg, 16. Juli 1835)*

[...] Ich lebe hier ganz unangefochten; es ist zwar vor einiger Zeit ein Reskript[1] von Gießen gekommen, die Polizei scheint aber keine Notiz davon genommen zu haben. [...] Es liegt schwer auf mir, wenn ich mir Darmstadt vorstelle; ich sehe unser Haus und den Garten und dann unwillkürlich das abscheuliche Arresthaus. Die Unglücklichen! Wie wird das enden? Wohl wie in Frankfurt, wo einer nach dem anderen stirbt und in der Stille begraben wird. Ein Todesurteil, ein Schafott, was ist das? Man stirbt für seine Sache. Aber so im Gefängnis auf eine langsame Weise aufgerieben zu werden! Das ist entsetzlich! Könntet ihr mir nicht sagen, wer in Darmstadt sitzt? Ich habe hier vieles untereinander gehört, werde aber nicht klug daraus. Kl(emm) scheint eine schändliche Rolle zu spielen. Ich hatte den Jungen sehr gern, er war grenzenlos leidenschaftlich, aber offen, lebhaft, mutig und aufgeweckt. Hört man nichts von Minnigerode? Sollte er wirklich Schläge erhalten? Es ist mir undenkbar. Seine heroische Standhaftigkeit sollte auch den verstocktesten Aristokraten Ehrfurcht einflößen. [...]

Aus: Georg Büchner: Werke und Briefe. München: dtv 1988, S. 304 f.

---

[1] amtlicher Bescheid, Erlass

## An Karl Gutzkow

*(Straßburg, Anfang Juli 1836)*
*Lieber Freund!*

War ich lange genug stumm? Was soll ich Ihnen sagen? Ich saß
*auch* im Gefängnis und im langweiligsten unter der Sonne, ich habe eine Abhandlung geschrieben in die Länge, Breite und Tiefe. Tag
5 und Nacht über der ekelhaften Geschichte, ich begreife nicht, wo
ich die Geduld hergenommen. Ich habe nämlich die fixe Idee, im
nächsten Semester zu Zürich einen Kurs über die Entwickelung der
deutschen Philosophie seit Cartesius[1] zu lesen; dazu muss ich
mein Diplom haben und die Leute scheinen gar nicht geneigt, mei-
10 nem lieben Sohn Danton den Doktorhut aufzusetzen.
Was war da zu machen?
Sie sind in Frankfurt, und unangefochten? [..]
Übrigens; um aufrichtig zu sein, Sie und Ihre Freunde scheinen mir
nicht grade den klügsten Weg gegangen zu sein. Die Gesellschaft
15 mittelst der *Idee*, von der *gebildeten* Klasse aus reformieren? Unmöglich! Unsere Zeit ist rein *materiell*, wären Sie je direkter politisch zu Werke gegangen, so wären Sie bald auf den Punkt gekommen, wo die Reform von selbst aufgehört hätte. Sie werden nie
über den Riss zwischen der gebildeten und ungebildeten Gesell-
20 schaft hinauskommen.
Ich habe mich überzeugt, die gebildete und wohlhabende Minori-
tät[2], so viel Konzessionen[3] sie auch von der Gewalt für sich be-
gehrt, wird nie ihr spitzes Verhältnis zur großen Klasse aufgeben
wollen. Und die große Klasse selbst? Für die gibt es nur zwei He-
25 bel, materielles Elend und *religiöser Fanatismus*. Jede Partei, welche
diese Hebel anzusetzen versteht, wird siegen. Unsre Zeit braucht
Eisen und Brot – und dann ein *Kreuz* oder sonst so was. Ich glaube,
man muss in sozialen Dingen von einem absoluten *Rechts*grund-
satz ausgehen, die Bildung eines neuen geistigen Lebens im *Volk*
30 suchen und die abgelebte moderne Gesellschaft zum Teufel gehen
lassen. Zu was soll ein Ding, wie diese, zwischen Himmel und Erde

---

[1] lat. Name des franz. Philosophen René Descartes (1596–1650)
[2] Minderheit
[3] Zugeständnisse

herumlaufen? Das ganze Leben desselben besteht nur in Versuchen, sich die entsetzlichste Langeweile zu vertreiben. Sie mag aussterben, das ist das einzig Neue, was sie noch erleben kann. [...]

Aus: Georg Büchner: Werke und Briefe. München: dtv 1988, S. 319 f.

## An Wilhelm Büchner

*(Straßburg, 2. September 1836)*

[...] Ich bin ganz vergnügt in mir selbst, ausgenommen, wenn wir Landregen oder Nordwestwind haben, wo ich freilich einer von denjenigen werde, die abends vor dem Bettgehn, wenn sie den einen Strumpf vom Fuß haben, imstande sind, sich an ihre Stuben-
5 tür zu hängen, weil es ihnen der Mühe zu viel ist, den andern ebenfalls auszuziehen. [...] Ich habe mich jetzt ganz auf das Studium der Naturwissenschaften und der Philosophie gelegt, und werde in Kurzem nach *Zürich* gehen, um in meiner Eigenschaft als überflüssiges Mitglied der Gesellschaft meinen Mitmenschen Vorlesungen
10 über etwas ebenfalls höchst Überflüssiges, nämlich über die philosophischen Systeme der Deutschen seit Cartesius und Spinoza, zu halten. – Dabei bin ich gerade daran, sich einige Menschen auf dem Papier totschlagen oder verheiraten zu lassen, und bitte den lieben Gott um einen einfältigen Buchhändler und ein groß Publikum mit so wenig Geschmack, als möglich. Man braucht einmal zu vielerlei Dingen unter der Sonne Mut, sogar, um Privatdozent der Philosophie zu sein. [...]

Aus: Georg Büchner: Werke und Briefe. München: dtv 1988, S. 321

Georg Büchner auf den Steinen des „Felsenmeers" im Oktober 1833
(Bleistiftzeichnung von Jean-Baptiste Alexis Muston)

# 3. Historische Hintergründe

*Georg Büchners Werk entstand in den Dreißigern des 19. Jahrhunderts, also in der Zeit des Vormärz. Diese Epoche Deutschlands auf der Schwelle vom Agrar- zum Industriestaat war geprägt von Armut und Not weiter Bevölkerungsteile. Gegen den spätabsolutistischen Obrigkeitsstaat formierte sich eine wachsende liberale und nationale Bewegung, die den politischen und sozialen Missständen den Kampf ansagte. In der Gesellschaft herrschte ein Klima des gegenseitigen Misstrauens, der Unterdrückung und Verfolgung. Auch Büchner schloss sich bald den oppositionellen Kräften an und gründete 1834 die geheime „Gesellschaft für Menschenrechte". Im gleichen Jahr verfasste er den „Hessischen Landboten", in dem die sozialen Ungerechtigkeiten im Großherzogtum Hessen angeprangert und die unterdrückten Bauern zum aktiven Widerstand gegen die herrschende Klasse aufgerufen wurden. Diese von Friedrich Ludwig Weidig stark überarbeitete politische Flugschrift ist hier vollständig abgedruckt. Der darauf folgende Aufsatz von Hans Magnus Enzensberger vermittelt weitere Informationen über die damaligen sozialen und politischen Verhältnisse in Büchners hessischer Heimat. Auch sein Drama „Leonce und Lena" stellt eine beißende Kritik an der verkrusteten Kleinstaaterei mit ihren um sich selbst kreisenden Ritualen und Zeremonien dar. Inspirieren ließ sich Büchner zu seiner Komödie, wie Christian Neuhuber ausführt, sehr wahrscheinlich durch die 1833 stattgefundene Hochzeit des hessischen Erbherzogs Ludwig mit der bayerischen Prinzessin Mathilde. Die beiden anschließend abgedruckten zeitgenössischen Dokumente anlässlich dieser Eheschließung, der „Allerhöchste Erlass des Großherzogs Ludwig II." und die „Chronik der Feierlichkeiten", lassen die steife Förmlichkeit damaliger Festlichkeiten am Hofe erahnen, wie sie auch Büchner in „Leonce und Lena" karikiert hat.*

# Der Hessische Landbote.

## Erste Botschaft.

Darmstadt, im Juli 1834.

### Vorbericht.

Dieses Blatt soll dem hessischen Lande die Wahrheit melden, aber wer die Wahrheit sagt, wird gehenkt, ja sogar der, welcher die Wahrheit liest, wird durch meineidige Richter vielleicht gestraft. Darum haben die, welchen dies Blatt zukommt, folgendes zu beobachten:

1) Sie müssen das Blatt sorgfältig außerhalb ihres Hauses vorder Polizei verwahren;
2) sie dürfen es nur an treue Freunde mittheilen;
3) denen, welchen sie nicht trauen, wie sie selbst, dürfen sie es nur heimlich hinlegen;
4) würde das Blatt dennoch bei Einem gefunden, der es gelesen hat, so muß er gestehen, daß er es eben dem Kreisrath habe bringen wollen;
5) wer das Blatt nicht gelesen hat, wenn man es bei ihm findet, der ist natürlich ohne Schuld.

---

### Friede den Hütten! Krieg den Pallästen!

Im Jahr 1834 siehet es aus, als würde die Bibel Lügen gestraft. Es sieht aus, als hätte Gott die Bauern und Handwerker am 5ten Tage, und die Fürsten und Vornehmen am 6ten gemacht, und als hätte der Herr zu diesen gesagt: Herrschet über alles Gethier, das auf Erden kriecht, und hätte die Bauern und Bürger zum Gewürm gezählt. Das Leben der Vornehmen ist ein langer Sonntag, sie wohnen in schönen Häusern, sie tragen zierliche Kleider, sie haben feiste Gesichter und reden eine eigne Sprache; das Volk aber liegt vor ihnen wie Dünger auf dem Acker. Der Bauer geht hinter dem Pflug, der Vornehme aber geht hinter ihm und dem Pflug und treibt ihn mit den Ochsen am Pflug, er nimmt das Korn und läßt ihm die Stoppeln. Das Leben des Bauern ist ein langer Werktag; Fremde verzehren seine Aecker vor seinen Augen, sein Leib ist eine Schwiele, sein Schweiß ist das Salz auf dem Tische des Vornehmen.

Im Großherzogthum Hessen sind 718,373 Einwohner, die geben an den Staat jährlich an 6,363,364 Gulden, als

|  |  |  |  |
|---|---|---|---|
| 1) | Direkte Steuern | 2,128,131 fl. |  |
| 2) | Indirecte Steuern | 2,478,264 | „ |
| 3) | Domänen | 1,547,394 | „ |
| 4) | Regalien | 46,938 | „ |
| 5) | Geldstrafen | 98,511 | „ |
| 6) | Verschiedene Quellen | 64,198 | „ |
|  |  | 6,363,363 fl. |  |

Dies Geld ist der Blutzehnte, der von dem Leib des Volkes genommen wird. An 700,000 Menschen schwitzen, stöhnen und hungern dafür. Im Namen des Staates wird es erpreßt, die Presser berufen sich auf die Regierung und die Regierung sagt, das sey nöthig die Ordnung im Staat zu erhalten. Was ist denn nun das für gewaltiges Ding: der Staat? Wohnt eine Anzahl Menschen in einem Land und es sind Verordnungen oder Gesetze vorhanden, nach denen jeder sich richten muß, so sagt man, sie bilden einen Staat. Der Staat also sind Alle; die Ordner im Staate sind die Gesetze, durch welche das Wohl Aller gesichert wird, und die aus dem Wohl Aller hervorgehen sollen. — Seht nun, was man in dem Großherzogthum aus dem Staat gemacht hat; seht was es heißt: die Ordnung im Staate erhalten!

Der Hessische Landbote. Erste Botschaft. Darmstadt, im Juli 1834 (Faksimile)

## Georg Büchner: Der Hessische Landbote

Erste Botschaft

Darmstadt, im Juli 1834.

Vorbericht

Dieses Blatt soll dem hessischen Lande die Wahrheit melden, aber
5 wer die Wahrheit sagt, wird gehenkt, ja sogar der, welcher die Wahrheit liest, wird durch meineidige Richter vielleicht gestraft. Darum
haben die, welchen dies Blatt zukommt, Folgendes zu beobachten:
1. Sie müssen das Blatt sorgfältig außerhalb ihres Hauses vor der
   Polizei verwahren;
10 2. sie dürfen es nur an treue Freunde mitteilen;
3. denen, welchen sie nicht trauen, wie sich selbst, dürfen sie es
   nur heimlich hinlegen;
4. würde das Blatt dennoch bei einem gefunden, der es gelesen
   hat, so muss er gestehen, dass er es eben dem Kreisrat habe
15   bringen wollen;
5. wer das Blatt nicht gelesen hat, wenn man es bei ihm findet, der
   ist natürlich ohne Schulde.

### Friede den Hütten! Krieg den Palästen!

Im Jahr 1834 siehet es aus, als würde die Bibel Lügen gestraft. Es
20 sieht aus, als hätte Gott die Bauern und Handwerker am 5. Tage,
und die Fürsten und Vornehmen am 6. gemacht, und als hätte der
Herr zu diesen gesagt: „Herrschet über alles Getier, das auf Erden
kriecht", und hätte die Bauern und Bürger zum Gewürm gezählt.
Das Leben der Vornehmen ist ein langer Sonntag, sie wohnen in
25 schönen Häusern, sie tragen zierliche Kleider, sie haben feiste Gesichter und reden eine eigne Sprache; das Volk aber liegt vor ihnen
wie Dünger auf dem Acker. Der Bauer geht hinter dem Pflug, der
Vornehme aber geht hinter ihm und dem Pflug und treibt ihn mit
den Ochsen am Pflug, er nimmt das Korn und lässt ihm die Stop-
30 peln. Das Leben des Bauern ist ein langer Werktag; Fremde verzehren seine Äcker vor seinen Augen, sein Leib ist eine Schwiele, sein
Schweiß ist das Salz auf dem Tische des Vornehmen.

Im Großherzogtum Hessen sind 718 373 Einwohner, die geben an den Staat jährlich an 6 363 364 Gulden als

| | | |
|---|---:|---|
| 1. Direkte Steuern | 2 128 13¯ | fl. |
| 2. Indirekte Steuern | 2 478 264 | " |
| 3. Domänen | 1 547 394 | " |
| 4. Regalien[1] | 46 938 | " |
| 5. Geldstrafen | 98 511 | " |
| 6. Verschiedene Quellen | 64 193 | " |
| | 6 363 363 | fl. |

Dies Geld ist der Blutzehnte, der von dem Le b des Volkes genommen wird. An 700 000 Menschen schwitzen, stöhnen und hungern dafür. Im Namen des Staates wird es erpresst, die Presser berufen sich auf die Regierung und die Regierung sagt, das sei nötig die Ordnung im Staat zu erhalten. Was ist denn nun das für gewaltiges Ding: der Staat? Wohnt eine Anzahl Menschen in einem Land und es sind Verordnungen oder Gesetze vorhanden, nach denen jeder sich richten muss, so sagt man, sie bilden einen Staat. Der Staat also sind *Alle*; die Ordner im Staat sind die Gesetze, durch welche das Wohl *Aller* gesichert wird, und die aus dem Wohl *Aller* hervorgehen sollen. – Seht nun, was man in dem Großherzogtum aus dem Staat gemacht hat; seht was es heißt: die Ordnung im Staate erhalten! 700 000 Menschen bezahlen dafür 6 Millionen, d. h. sie werden zu Ackergäulen und Pflugstieren gemacht, damit sie in Ordnung leben. In Ordnung leben heißt hungern und geschunden werden.

Wer sind denn die, welche diese Ordnung gemacht haben, und die wachen, diese Ordnung zu erhalten? Das ist die Großherzogliche Regierung. Die Regierung wird gebildet von dem Großherzog und seinen obersten Beamten. Die anderen Beamten sind Männer, die von der Regierung berufen werden, um jene Ordnung in Kraft zu erhalten. Ihre Anzahl ist Legion: Staatsräte und Regierungsräte, Landräte und Kreisräte, Geistliche Räte und Schulräte, Finanzräte und Forsträte usw. mit allem ihrem Heer von Sekretären usw. Das Volk ist ihre Herde, sie sind seine Hirten, Melker und Schinder; sie

---

[1] Regal: dem König zustehendes, meist wirtschaftlich nutzbares Hoheitsrecht

haben die Häute der Bauern an, der Raub der Armen ist in ihrem
Hause; die Tränen der Witwen und Waisen sind das Schmalz auf
ihren Gesichtern; sie herrschen frei und ermahnen das Volk zur
Knechtschaft. Ihnen gebt ihr 6 000 000 fl. Abgaben; sie haben dafür
die Mühe, euch zu regieren; d. h. sich von euch füttern zu lassen
und euch eure Menschen- und Bürgerrechte zu rauben. Sehet, was
die Ernte eures Schweißes ist.
Für das Ministerium des Innern und der Gerechtigkeitspflege werden bezahlt 1 110 607 Gulden. Dafür habt ihr einen Wust von Gesetzen, zusammengehäuft aus willkürlichen Verordnungen aller Jahr-
hunderte, meist geschrieben in einer fremden Sprache. Der Unsinn
aller vorigen Geschlechter hat sich darin auf euch vererbt, der
Druck, unter dem sie erlagen, sich auf euch fortgewälzt. Das Gesetz ist das Eigentum einer unbedeutenden Klasse von Vornehmen
und Gelehrten, die sich durch ihr eignes Machwerk die Herrschaft
zuspricht. Diese Gerechtigkeit ist nur ein Mittel, euch in Ordnung
zu halten, damit man euch bequemer schinde; sie spricht nach
Gesetzen, die ihr nicht versteht, nach Grundsätzen, von denen ihr
nichts wisst, Urteile, von denen ihr nichts begreift. Unbestechlich
ist sie, weil sie sich gerade teuer genug bezahlen lässt, um keine
Bestechung zu brauchen. Aber die meisten ihrer Diener sind der
Regierung mit Haut und Haar verkauft. Ihre Ruhestühle stehen auf
einem Geldhaufen von 461 373 Gulden (so viel betragen die Ausga-
ben für die Gerichtshöfe und die Kriminalkosten). Die Fräcke, Stö-
cke und Säbel ihrer unverletzlichen Diener sind mit dem Silber von
197 502 Gulden beschlagen (so viel kostet die Polizei überhaupt,
die Gensdarmerie usw.). Die Justiz ist in Deutschland seit Jahrhunderten die Hure der deutschen Fürsten. Jeden Schritt zu ihr müsst
ihr mit Silber pflastern, und mit Armut und Erniedrigung erkauft
ihr ihre Sprüche. Denkt an das Stempelpapier, denkt an euer Bücken in den Amtsstuben, und euer Wachestehen vor denselben.
Denkt an die Sporteln[1] für Schreiber und Gerichtsdiener. Ihr dürft
euren Nachbarn verklagen, der euch eine Kartoffel stiehlt; aber
klagt einmal über den Diebstahl, der von Staats wegen unter dem
Namen von Abgabe und Steuern jeden Tag an eurem Eigentum

---

[1] Beamteneinkommen

begangen wird, damit eine Legion unnützer Beamten sich von eurem Schweiße mästen: klagt einmal, dass ihr der Willkür einiger Fettwänste überlassen seid und dass diese Willkür Gesetz heißt, klagt, dass ihr die Ackergäule des Staates seid, klagt über eure ver-
5 lorne Menschenrechte: Wo sind die Gerichtshöfe, die eure Klage annehmen, wo die Richter, die Recht sprächen? – Die Ketten eurer Vogelsberger Mitbürger, die man nach Rokkenburg[1] schleppte, werden euch Antwort geben.

Und will endlich ein Richter oder ein andrer Beamte von den Weni-
10 gen, welchen das Recht und das gemeine Wohl lieber ist, als ihr Bauch und der Mammon, ein Volksrat und kein Volksschinder sein, so wird er von den obersten Räten des Fürsten selber geschunden.

Für das Ministerium der Finanzen 1551502 fl.
15 Damit werden die Finanzräte, Obereinnehmer, Steuerboten, die Untererheber besoldet. Dafür wird der Ertrag eurer Äcker berechnet und eure Köpfe gezählt. Der Boden unter euren Füßen, der Bissen zwischen euren Zähnen ist besteuert. Dafür sitzen die Herren in Fräcken beisammen und das Volk steht nackt und gebückt
20 vor ihnen, sie legen die Hände an seine Lenden und Schultern und rechnen aus, wie viel es noch tragen kann, und wenn sie barmherzig sind, so geschieht es nur, wie man ein Vieh schont, das man nicht so sehr angreifen will.

Für das Militär wird bezahlt 914820 Gulden.
25 Dafür kriegen eure Söhne einen bunten Rock auf den Leib, ein Gewehr oder eine Trommel auf die Schulter und dürfen jeden Herbst einmal blind schießen, und erzählen, wie die Herren vom Hof, und die ungeratenen Buben vom Adel allen Kindern ehrlicher Leute vorgehen, und mit ihnen in den breiten Straßen der Städte herumzie-
30 hen mit Trommeln und Trompeten. Für eine 900000 Gulden müssen eure Söhne den Tyrannen schwören und Wache halten an ihren Palästen. Mit ihren Trommeln übertäuben sie eure Seufzer, mit ihren Kolben zerschmettern sie euch den Schädel, wenn ihr zu denken wagt, dass ihr freie Menschen seid. Sie sind die gesetzlichen

---

[1] heutiger Name: Rockenberg, Wetteraukreis

Mörder, welche die gesetzlichen Räuber schützen, denkt an Södel[1]!
Eure Brüder, eure Kinder waren dort Brüder- und Vatermörder.
Für die Pensionen 480 000 Gulden.
Dafür werden die Beamten aufs Polster gelegt, wenn sie eine ge-
wisse Zeit dem Staate treu gedient haben, d. h. wenn sie eifrige
Handlanger bei der regelmäßig eingerichteten Schinderei gewe-
sen, die man Ordnung und Gesetz heißt.
Für das Staatsministerium und den Staatsrat 174 600 Gulden.
Die größten Schurken stehen wohl jetzt allerwärts in Deutschland
den Fürsten am nächsten, wenigstens im Großherzogtum: Kommt
ja ein ehrlicher Mann in den Staatsrat, so wird er ausgestoßen.
Könnte aber auch ein ehrlicher Mann jetzo Minister sein oder bleiben, so wäre er, wie die Sachen stehen in Deutschland, nur eine
Drahtpuppe, an der die fürstliche Puppe zieht und an dem fürstlichen Popanz[2] zieht wieder ein Kammerdiener oder ein Kutscher
oder seine Frau und ihr Günstling, oder sein Halbbruder – oder
alle zusammen. In Deutschland steht es jetzt, wie der Prophet Mi-
cha schreibt, Kap. 7, V. 3 und 4: „Die Gewaltigen raten nach ihrem
Mutwillen, Schaden zu tun, und drehen es, wie sie es wollen. Der
Beste unter ihnen ist wie ein Dorn, und der Redlichste wie eine
Hecke." Ihr müsst die Dörner und Hecken teuer bezahlen; denn ihr
müsst ferner für das großherzogliche Haus und den Hofstaat
827 772 Gulden bezahlen.
Die Anstalten, die Leute, von denen ich bis jetzt gesprochen, sind
nur Werkzeuge, sind nur Diener. Sie tun nichts in ihrem Namen,
unter der Ernennung zu ihrem Amt, steht ein L. das bedeutet *Ludwig* von Gottes Gnaden und sie sprechen mit Ehrfurcht: „im Namen des Großherzogs." Dies ist ihr Feldgeschrei, wenn sie euer
Gerät versteigern, euer Vieh wegtreiben, euch in den Kerker wer-
fen. Im Namen des Großherzogs sagen sie, und der Mensch, den
sie so nennen, heißt: unverletzlich, heilig, souverän, königliche
Hoheit. Aber tretet zu dem Menschenkinde und blickt durch seinen Fürstenmantel. Es isst, wenn es hungert, und schläft, wenn

---

[1]  Büchner erinnert hier an das Blutbad, mit dem 1830 ein Protestmarsch
hessischer Bauern im Wetterauer Dorf Södel gewaltsam beendet wurde.
[2]  hier: Schreckgespenst, Vogelscheuche

sein Auge dunkel wird. Sehet, es kroch so nackt und weich in die
Welt, wie ihr und wird so hart und steif hinausgetragen, wie ihr, und
doch hat es seinen Fuß auf eurem Nacken, hat 700 000 Menschen
an seinem Pflug, hat Minister die verantwortlich sind, für das, was
es tut, Gewalt über euer Eigentum durch die Steuern, die es aus-
schreibt, über euer Leben, durch die Gesetze, die es macht, es hat
adlige Herrn und Damen um sich, die man Hofstaat heißt, und
seine göttliche Gewalt vererbt sich auf seine Kinder mit Weibern,
welche aus ebenso übermenschlichen Geschlechtern sind.
Wehe über euch Götzendiener! – Ihr seid wie die Heiden, die das
Krokodil anbeten, von dem sie zerrissen werden. Ihr setzt ihm eine
Krone auf, aber es ist eine Dornenkrone, die ihr euch selbst in den
Kopf drückt; ihr gebt ihm ein Zepter in die Hand, aber es ist eine
Rute, womit ihr gezüchtigt werdet; ihr setzt ihn auf euren Thron,
aber es ist ein Marterstuhl für euch und eure Kinder. Der Fürst ist
der Kopf des Blutigels[1], der über euch hinwegkriecht, die Minister
sind seine Zähne und die Beamten sein Schwanz. Die hungrigen
Mägen aller vornehmen Herren, denen er die hohen Stellen ver-
teilt, sind Schröpfköpfe, die er dem Lande setzt. Das L. was unter
seinen Verordnungen steht, ist das Malzeichen des Tieres, das die
Götzendiener unserer Zeit anbeten. Der Fürstenmantel ist der Tep-
pich, auf dem sich die Herren und Damen vom Adel und Hofe in
ihrer Geilheit übereinander wälzen – mit Orden und Bändern de-
cken sie ihre Geschwüre und mit kostbaren Gewändern bekleiden
sie ihre aussätzigen Leiber. Die Töchter des Volkes sind ihre Mägde
und Huren, die Söhne des Volkes ihre Lakaien und Soldaten. Geht
einmal nach Darmstadt und seht, wie die Herren sich für euer Geld
dort lustig machen, und erzählt dann euren hungernden Weibern
und Kindern, dass ihr Brot an fremden Bäuchen herrlich ange-
schlagen sei, erzählt ihnen von den schönen Kleidern, die in ihrem
Schweiß gefärbt, und von den zierlichen Bändern, die aus den
Schwielen ihrer Hände geschnitten sind, erzählt von den stattli-
chen Häusern, die aus den Knochen des Volks gebaut sind; und
dann kriecht in eure rauchigen Hütten und bückt euch auf euren
steinichten Äckern, damit eure Kinder auch einmal hingehen kön-

---

[1] Blutigel: Blutegel; Saugwurm

nen, wenn ein Erbprinz mit einer Erbprinzessin für einen anderen
Erbprinzen Rat schaffen will, und durch die geöffneten Glastüren
das Tischtuch sehen, wovon die Herren speisen und die Lampen
riechen, aus denen man mit dem Fett der Bauern illuminiert. Das
5 alles duldet ihr, weil euch Schurken sagen: diese Regierung sei von
Gott. Diese Regierung ist nicht von Gott, sondern vom Vater der
Lügen. Diese deutschen Fürsten sind keine rechtmäßige Obrigkeit,
sondern die rechtmäßige Obrigkeit, den deutschen Kaiser, der vor-
mals vom Volke frei gewählt wurde, haben sie seit Jahrhunderten
10 verachtet und endlich gar verraten. Aus Verrat und Meineid, und
nicht aus der Wahl des Volkes ist die Gewalt der deutschen Fürsten
hervorgegangen, und darum ist ihr Wesen und Tun von Gott ver-
flucht; ihre Weisheit ist Trug, ihre Gerechtigkeit ist Schinderei. Sie
zertreten das Land und zerschlagen die Person des Elenden. Ihr
15 lästert Gott, wenn ihr einen dieser Fürsten einen Gesalbten des
Herrn nennt, das heißt: Gott habe die Teufel gesalbt und zu Fürsten über die deutsche Erde gesetzt. Deutschland, unser liebes Vaterland, haben diese Fürsten zerrissen, den Kaiser, den unsere frei-
en Voreltern wählten, haben diese Fürsten verraten und nun
20 fordern diese Verräter und Menschenquäler Treue von euch! –
Doch das Reich der Finsternis neigt sich zum Ende. Über ein Kleines und Deutschland, das jetzt die Fürsten schinden, wird als ein
*Freistaat* mit einer vom Volk gewählten Obrigkeit wiederaufersteh'n.
Die Heilige Schrift sagt: „Gebet dem Kaiser, was des Kaisers ist."
25 Was ist aber dieser Fürsten, der Verräter? – *Das Teil von Judas!*
Für die Landstände 16 000 Gulden.
Im Jahr 1789 war das Volk in Frankreich müde, länger die Schind-
mähre seines Königs zu sein. Es erhob sich und berief Männer,
denen es vertraute, und die Männer traten zusammen und sagten,
30 ein König sei ein Mensch wie ein anderer auch, er sei nur der erste
Diener im Staat, er müsse sich vor dem Volk verantworten und
wenn er sein Amt schlecht verwalte, könne er zur Strafe gezogen
werden. Dann erklärten sie die Rechte des Menschen: „Keiner erbt
vor dem anderen mit der Geburt ein Recht oder einen Titel, keiner
35 erwirbt mit dem Eigentum ein Recht vor dem anderen. Die höchste
Gewalt ist in dem Willen Aller oder der Mehrzahl. Dieser Wille ist
das Gesetz, er tut sich kund durch die Landstände oder die Vertre-

ter des Volks, sie werden von Allen gewählt und Jeder kann gewählt
werden; diese Gewählten sprechen den Willen ihrer Wähler aus,
und so entspricht der Wille der Mehrzahl unter ihnen dem Willen
der Mehrzahl unter dem Volke; der König hat nur für die Ausübung
5 der von ihnen erlassenen Gesetze zu sorgen." Der König schwur
dieser Verfassung treu zu sein, er wurde aber meineidig an dem
Volke und das Volk richtete ihn, wie es einem Verräter geziemt.
Dann schafften die Franzosen die erbliche Königswürde ab und
wählten frei eine neue Obrigkeit, wozu jedes Volk nach der Ver-
10 nunft und der Heiligen Schrift das Recht hat. Die Männer, die über
die Vollziehung der Gesetze wachen sollten wurden von der Ver-
sammlung der Volksvertreter ernannt, sie bildeten die neue Obrigkeit. So waren Regierung und Gesetzgeber vom Volk gewählt und
Frankreich war ein Freistaat.
15 Die übrigen Könige aber entsetzten sich vor der Gewalt des französischen Volkes, sie dachten, sie könnten alle über der ersten Kö-
nigsleiche den Hals brechen und ihre misshandelten Untertanen
möchten bei dem Freiheitsruf der Franken erwachen. Mit gewalti-
gem Kriegsgerät und riesigem Zeug[1] stürzten sie von allen Seiten
20 auf Frankreich und ein großer Teil der Adligen und Vornehmen im
Lande stand auf und schlug sich zu dem Feind. Da ergrimmte das
Volk und erhob sich in seiner Kraft. Es erdrückte die Verräter und
zerschmetterte die Söldner der Könige. Die junge Freiheit wuchs
im Blut der Tyrannen und vor ihrer Stimme bebten die Throne und
25 jauchzten die Völker. Aber die Franzosen verkauften selbst ihre junge Freiheit für den Ruhm, der ihnen Napoleon darbot, und erhoben
ihn auf den Kaiserthron. – Da ließ der Allmächtige das Heer des
Kaisers in Russland erfrieren und züchtigte Frankreich durch die
Knute der Kosaken und gab den Franzosen die dickwanstigen
30 Bourbonen wieder zu Königen, damit Frankreich sich bekehre vom
Götzendienst der erblichen Königsherrschaft und dem Gotte die-
ne, der die Menschen frei und gleich geschaffen. Aber als die Zeit
seiner Strafe verflossen war, und tapfere Männer im Julius 1830
den meineidigen König Karl den Zehnten aus dem Lande jagten,
35 da wendete dennoch das befreite Frankreich sich abermals zur

---

[1] Reiterei

*halberblichen* Königsherrschaft und band sich in dem Heuchler
Louis Philipp eine neue Zuchtrute auf. In Deutschland und ganz
Europa aber war große Freude als der zehnte Karl vom Thron ge-
stürzt ward, und die unterdrückten deutschen Länder richteten
5 sich zum Kampf für die Freiheit. Da ratschlagten die Fürsten, wie
sie dem Grimm des Volkes entgehen sollten und die Listigen unter
ihnen sagten: „Lasst uns einen Teil unserer Gewalt abgeben, dass
wir das Übrige behalten." Und sie traten vor das Volk und sprachen: „Wir wollen euch die Freiheit schenken um die ihr kämpfen
10 wollt." – Und zitternd vor Furcht warfen sie einige Brocken hin und
sprachen von ihrer Gnade. Das Volk traute ihnen leider und legte
sich zur Ruhe. – Und so ward Deutschland betrogen wie Frankreich.

Denn was sind diese Verfassungen in Deutschland? Nichts als lee-
15 res Stroh, woraus die Fürsten die Körner für sich herausgeklopft
haben. Was sind unsere Landtage? Nichts als langsame Fuhrwer-
ke, die man einmal oder zweimal wohl der Raubgier der Fürsten
und ihrer Minister in den Weg schiebt, woraus man aber nimmer-
mehr eine feste Burg für die deutsche Freiheit bauen kann. Was
20 sind unsere Wahlgesetze? Nichts als Verletzungen der Bürger- und
Menschenrechte der meisten Deutschen. Denkt an das Wahlge-
setz im Großherzogtum, wornach keiner gewählt werden kann, der
nicht hoch begütert ist, wie rechtschaffen und gutgesinnt er auch
sei, wohl aber der *Grolmann*[1], der euch um die zwei Millionen be-
25 stehlen wollte. Denkt an die Verfassung des Großherzogtums. –
Nach den Artikeln derselben ist der Großherzog unverletzlich, heilig und unverantwortlich. Seine Würde ist erblich in seiner Familie,
er hat das Recht Krieg zu führen und ausschließliche Verfügung
über das Militär. Er beruft die Landstände, vertagt sie oder löst sie
30 auf. Die Stände dürfen keinen Gesetzesvorschlag machen, sondern sie müssen um das Gesetz bitten, und dem Gutdünken des
Fürsten bleibt es unbedingt überlassen, es zu geben oder zu ver-
weigern. Er bleibt im Besitz einer fast unumschränkten Gewalt, nur
darf er keine neuen Gesetze machen und keine neuen Steuern aus-

---

[1]  Karl Ludwig von Grolmann (1775–1829): Großherzoglicher Staatsminister

schreiben ohne Zustimmung der Stände. Aber teils kehrt er sich
nicht an diese Zustimmung, teils genügen ihm die alten Gesetze,
die das Werk der Fürstengewalt sind, und er bedarf darum keiner
neuen Gesetze. Eine solche Verfassung ist ein elend jämmerlich
5 Ding. Was ist von Ständen zu erwarten, die an eine solche Verfassung gebunden sind? Wenn unter den Gewählten auch keine
Volksverräter und feige Memmen wären, wenn sie aus lauter entschlossenen Volksfreunden bestünden?! Was ist von Ständen zu
erwarten, die kaum die elenden Fetzen einer armseligen Verfas-
10 sung zu verteidigen vermögen! – Der einzige Widerstand, den sie
zu leisten vermochten, war die Verweigerung der zwei Millionen
Gulden, die sich der Großherzog von dem überschuldeten Volke
wollte schenken lassen zur Bezahlung seiner Schulden. –
Hätten aber auch die Landstände des Großherzogtums genügen-
15 de Rechte, und hätte das Großherzogtum, aber nur das Großherzogtum allein, eine wahrhafte Verfassung, so würde die Herrlich-
keit doch bald zu Ende sein. Die Raubgeier in Wien und Berlin
würden ihre Henkerskrallen ausstrecken und die kleine Freiheit mit
Rumpf und Stumpf ausrotten. Das ganze deutsche Volk muss sich
20 die Freiheit erringen. Und diese Zeit, geliebte Mitbürger, ist nicht
ferne. – Der Herr hat das schöne deutsche Land, das viele Jahrhun-
derte das herrlichste Reich der Erde war, in die Hände der fremden
und einheimischen Schinder gegeben, weil das Herz des deutschen Volkes von der Freiheit und Gleichheit seiner Voreltern und
25 von der Furcht des Herrn abgefallen war, weil ihr dem Götzen-
dienste der vielen Herrlein, Kleinherzoge und Däumlingskönige
euch ergeben hattet.
Der Herr, der den Stecken des fremden Treibers Napoleon zerbro-
chen hat, wird auch die Götzenbilder unserer einheimischen Tyran-
30 nen zerbrechen durch die Hände des Volkes. Wohl glänzen diese
Götzenbilder von Gold und Edelsteinen, von Orden und Ehrenzei-
chen, aber in ihrem Innern *stirbt der Wurm nicht und ihre Füße sind
von Lehm.* – Gott wird euch Kraft geben ihre Füße zu zerschmeißen, sobald ihr euch bekehret von dem Irrtum eures Wandels und
35 die Wahrheit erkennet: „dass nur Ein Gott ist und keine Götter neben ihm, die sich Hoheiten und Allerhöchste, heilig und unverantwortlich nennen lassen, dass Gott alle Menschen frei und gleich in

ihren Rechten schuf und dass keine Obrigkeit von Gott zum Segen
verordnet ist, als die, welche auf das Vertrauen des Volkes sich
gründet und vom Volke ausdrücklich oder stillschweigend erwählt
ist; dass dagegen die Obrigkeit, die Gewalt, aber kein Recht über
5 ein Volk hat, nur *also* von Gott ist, wie der Teufel auch von Gott ist,
und dass der Gehorsam gegen eine solche Teufelsobrigkeit nur so
lange gilt, bis ihre Teufelsgewalt gebrochen werden kann; – dass
der Gott, der ein Volk durch Eine Sprache zu Einem Leibe vereinig-
te, die Gewaltigen, die es zerfleischen und vierteilen, oder gar in
10 dreißig Stücke zerreißen, als Volksmörder und Tyrannen hier zeit-
lich und dort ewiglich strafen wird, denn die Schrift sagt: was Gott
vereinigt hat, soll der Mensch nicht trennen; und dass der Allmächtige, der aus der Einöde ein Paradies schaffen kann, auch ein
Land des Jammers und des Elends wieder in ein Paradies umschaf-
15 fen kann, wie unser teuerwertes Deutschland war, bis seine Fürsten es zerfleischten und schunden.
Weil das deutsche Reich morsch und faul war, und die Deutschen
von Gott und von der Freiheit abgefallen waren, hat Gott das Reich
zu Trümmern gehen lassen, um es zu einem Freistaat zu verjün-
20 gen. Er hat eine Zeit lang „den Satans-Engeln" Gewalt gegeben,
dass sie Deutschland mit Fäusten schlügen, er hat den „Gewaltigen und Fürsten, die in der Finsternis herrschen, den bösen Geis-
tern unter dem Himmel" (Ephes. 6), Gewalt gegeben, dass sie die
Bürger und Bauern peinigten und ihr Blut aussaugten und ihren
25 Mutwillen trieben mit allen, die Recht und Freiheit mehr lieben als
Unrecht und Knechtschaft. – – Aber ihr Maß ist voll!
Sehet an das von Gott gezeichnete Scheusal, den König Ludwig
von Bayern, den Gotteslästerer, der redliche Männer vor seinem
Bilde niederzuknien zwingt, und die, welche die Wahrheit bezeu-
30 gen, durch meineidige Richter zum Kerker verurteilen lässt; das
Schwein, das sich in allen Lasterpfützen von Italien wälzte, den
Wolf, der sich für seinen Baals-Hofstaat[1] für immer jährlich fünf
Millionen durch meineidige Landstände verwilligen lässt, und fragt
dann: „Ist das eine Obrigkeit von Gott zum Segen verordnet?"

---

[1] Götzen-Hofstaat

Ha! du wärst Obrigkeit von Gott?
Gott spendet Segen aus;
Du raubst du schindest, kerkerst ein,
Du nicht von Gott, Tyrann!

5 Ich sage euch: sein und seiner Mitfürsten Maß ist voll. Gott, der
Deutschland um seiner Sünden willen geschlagen hat durch diese
Fürsten, wird es wieder heilen. „Er wird die Hecken und Dörner
niederreißen und auf einem Haufen verbrennen." (Jesaias 27, 4)
So wenig der Höcker noch wächset, womit Gott diesen König Lud-
10 wig gezeichnet hat, so wenig werden die Schandtaten dieser Fürsten noch wachsen können. Ihr Maß ist voll. Der Herr wird ihre
Zwingburgen zerschmeißen und in Deutschland wird dann Leben
und Kraft, der Segen der Freiheit wieder erblühen. Zu einem großen Leichenfelde haben die Fürsten die deutsche Erde gemacht,
15 wie Ezechiel im 37. Kapitel beschreibt: „Der Herr führte mich auf
ein weites Feld, das voller Gebeine lag, und siehe, sie waren sehr
verdorrt." Aber wie lautet des Herrn Wort zu den verdorrten Gebei-
nen: „Siehe ich will euch Adern geben und Fleisch lassen über euch
wachsen, und euch mit Haut überziehen, und will euch Odem ge-
20 ben, dass ihr wieder lebendig werdet, und sollt erfahren, dass Ich
der Herr bin." Und des Herrn Wort wird auch an Deutschland sich
wahrhaftig beweisen, wie der Prophet spricht: „Siehe, es rauschte
und regte sich und die Gebeine kamen wieder zusammen, ein jeg-
liches zu seinem Gebein. – Da kam Odem in sie und sie wurden
25 wieder lebendig und richteten sich wieder auf ihre Füße, und ihrer
war ein sehr groß Heer." Wie der Prophet schreibet, so stand es
bisher in Deutschland: eure Gebeine sird verdorrt, denn die Ordnung, in der ihr lebt, ist eitel Schinderei. 6 Millionen bezahlt ihr im
Großherzogtum einer Handvoll Leute, deren Willkür euer Leben
30 und Eigentum überlassen ist, und die anderen in dem zerrissenen
Deutschland gleich also. Ihr seid nichts, ihr habt nichts! Ihr seid
rechtlos. Ihr müsset geben, was eure unersättlichen Presser fordern, und tragen, was sie euch aufbürden. So weit ein Tyrann bli-
cket – und Deutschland hat deren wohl dreißig – verdorret Land
35 und Volk. Aber wie der Prophet schreibet, so wird es bald stehen in
Deutschland: der Tag der Auferstehung wird nicht säumen. In dem
Leichenfelde wird sich's regen und wird rauschen und der Neube-
lebten wird ein großes Heer sein.

Hebt die Augen auf und zählt das Häuflein eurer Presser, die nur stark sind durch das Blut, das sie euch aussaugen und durch eure Arme, die ihr ihnen willenlos leihet. Ihrer sind vielleicht 10000 im Großherzogtum und Eurer sind es 700000 und also verhält sich
5 die Zahl des Volkes zu seinen Pressern auch im übrigen Deutschland. Wohl drohen sie mit dem Rüstzeug und den Reisigen[1] der Könige, aber ich sage euch: Wer das Schwert erhebt gegen das Volk, der wird durch das Schwert des Volkes umkommen. Deutschland ist jetzt ein Leichenfeld, bald wird es ein Paradies sein. Das
10 deutsche Volk ist Ein Leib, ihr seid ein Glied dieses Leibes. Es ist einerlei, wo die Scheinleiche zu zucken anfängt. Wann der Herr euch seine Zeichen gibt durch die Männer, durch welche er die Völker aus der Dienstbarkeit zur Freiheit führt, dann erhebet euch und der ganze Leib wird mit euch aufstehen.
15 Ihr bücktet euch lange Jahre in den Dornäckern der Knechtschaft, dann schwitzt ihr einen Sommer im Weinberge der Freiheit, und werdet frei sein bis ins tausendste Glied.
Ihr wühltet ein langes Leben die Erde auf, dann wühlt ihr euren Tyrannen ein Grab. Ihr bautet die Zwingburgen, dann stürzt ihr sie,
20 und bauet der Freiheit Haus. Dann könnt ihr eure Kinder frei taufen mit dem Wasser des Lebens. Und bis der Herr euch ruft durch seine Boten und Zeichen, wachet und rüstet euch im Geiste und betet ihr selbst und lehrt eure Kinder beten: „Herr, zerbrich den Stecken unserer Treiber und lass dein Reich zu uns kommen, das
25 Reich der Gerechtigkeit. Amen."

Aus: Georg Büchner: Werke und Briefe. München: dtv 1988, S. 40–64

## Hans Magnus Enzensberger:
## Die sozialen und politischen Verhältnisse in Hessen zur Zeit der Entstehung von „Leonce und Lena"

Das Großherzogtum Hessen, ein Kleinstaat mit einer Fläche von etwa 8000 Quadratkilometern, der im heutigen Bundesland gleichen Namens beinah viermal Platz hätte, war in den Dreißigern des vergangenen [19.] Jahrhunderts ein reines Agrarland. Nur zwei

---

[1] berittene Söldner, Landsknechte

Städte dieses Landes hatten mehr als zwanzigtausend Einwohner, nämlich
5 Darmstadt und Mainz, und kaum jeder Siebente unter den 700000 Bürgern lebte in der Stadt.
10 Dennoch war das Großherzogtum dicht besiedelt; die Bevölkerung, die sich

„Die Zerstörung der Mauth in Hanau",
24. September 1830
(Zeitgenössische Lithografie)

zwischen 1790 und 1850 verdoppelte, erreichte um das Jahr 1835
15 herum eine Dichte von hundert Personen pro Quadratkilometer.
Die demographische Explosion, eine Folge der sinkenden Sterblichkeit und der zunehmenden Lebenserwartung, hatte in Mitteleuropa begonnen. Der Zuwachs entfiel fast ganz und gar auf das flache Land; die Städte boten keine Arbeitsplätze für
20 Neuankömmlinge; ihre Bevölkerung stagnierte.
Die ökonomischen Verhältnisse blieben hinter dieser Bevölkerungsbewegung zurück. Die landwirtschaftliche Produktion hielt an den hergebrachten, uralten Methoden fest. Die Masse der Kleinbauern war direkt oder indirekt von den Feudalherren abhän-
25 gig. Erst 1820 war die Leibeigenschaft in Hessen aufgehoben worden; gleichzeitig wurde der Frondienst abgeschafft und durch ein direktes Steuersystem abgelöst – ein Vorgang, der erst gegen Ende der dreißiger Jahre abgeschlossen war. Das Handwerk, in mittelalterlichen Zunftvorstellungen befangen, kam als Motor der wirt-
30 schaftlichen Entwicklung kaum in Betracht, solange seine traditionelle, ständische Ordnung unangefochten blieb. Erst um die Mitte des Jahrhunderts setzte sich das Prinzip der Gewerbefreiheit in den deutschen Ländern durch.
[...]
35 Insgesamt war die ganze Wirtschaft des Landes also von der Landwirtschaft abhängig, die zwischen 1815 und 1830 kaum einen Zuwachs der Produktion zu verzeichnen hatte; sie litt unter einer lang

anhaltenden Agrarkrise, verschuldet durch Mißernten und sinkende Getreidepreise und verschärft durch die Nachwirkungen der napoleonischen Kriege. Die überwiegende Mehrzahl der hessischen Bevölkerung bestand aus verarmten Handwerkern und Bau-
5 ern.

[...]

Die politischen Zustände in Deutschland entsprachen dieser ökonomischen Lage und waren ganz dazu angetan, sie zu verewigen. Die alten gesellschaftlichen Mächte beherrschten den Staatsappa-
10 rat; zu einer bürgerlichen Revolution war es nicht gekommen. Die Bourgeoisie[1] hat in Deutschland spät gesiegt; sie hat sich, und damit die kapitalistische Wirtschaftsform, niemals revolutionär durchgesetzt; sie hat sich vielmehr nach und nach mit der alten herrschenden Klasse arrangiert. Dieser Prozeß stand zu Büchners
15 Zeiten in seinen Anfängen; sein Verlauf ist an den Verfassungskämpfen abzulesen, welche die Innenpolitik der deutschen Kleinstaaten in der ersten Hälfte des neunzehnten Jahrhunderts beherrscht haben.

Der Wiener Kongreß von 1815 hatte das alte, absolutistische Re-
20 gime in Deutschland noch einmal stabilisiert. Die Regierungen sahen ihre hauptsächliche Aufgabe nicht darin, für die politische und ökonomische Entwicklung ihrer Länder, sondern darin, für die Erhaltung des status quo[2] zu sorgen.

Die große Stabilisierung dieses Zustandes, der sich die deutschen
25 Fürsten 1815 verschrieben hatten, konnte nur um den Preis dauernder ökonomischer Krisen und unablässiger politischer Repression[3] gelingen. Keine Experimente: Die Durchsetzung dieser Parole wurde zur vornehmsten Aufgabe der Polizei.

[...]

30 Die Lage in den deutschen Kleinstaaten hat Wilhelm Grimm in den dreißiger Jahren, aus gegebenem Anlaß, wie folgt charakterisiert:

---

[1]  wohlhabendes Bürgertum
[2]  (lat.:) gegenwärtiger Zustand
[3]  Unterdrückung individueller Entfaltung durch ges. Autoritätsverhältnisse; politische Gewaltanwendung

„Die Freiheit war allmählich bis zu einem Grade untergegangen,
von dem niemand, der es nicht selbst miterlebt, einer Begriff hat.
Jede Unbefangenheit, ich sage nicht einmal Freiheit der Rede, war
unterdrückt. Die Polizei, öffentliche und heimliche, angeordnete
5 und freiwillige, durchdrang alle Verhältnisse und vergiftete das Vertrauen des geselligen Lebens. Alle Stützen, auf welchen das Dasein
eines Volkes beruht, Religiosität, Gerechtigkeit, Achtung vor der
Sitte und dem Gesetz, waren umgestoßen oder gewaltsam er-
schüttert. Nur eins wurde festgehalten: jeder Widerspruch gegen
10 den geäußerten Willen, direkt oder indirekt ausgesprochen, sei ein
Verbrechen."
[...]
Somit befand sich, wer im hessischen Land überhaupt politisch
dachte, von vornherein in der Opposition – mit alleiniger Ausnah-
15 me des Großherzogs, seiner Standesgenossen und Kreaturen. Wie
verschieden diese Opposition, je nach der Herkunft und den Interessen derer, die sie trugen, auch denken und handeln mochte: Der
gemeinsame Gegner, in Gestalt einer engstirnigen Bürokratie und
einer brutalen Polizei, zwang ihr immer wieder eine paradoxe Ei-
20 nigkeit auf: eine Frontstellung, die sich unter dem Druck des Systems stets von neuem kristallisierte und die, sobald es ans Handeln ging, stets von neuem in ihre Elemente zerfiel.
Die einzelnen Fraktionen dieser Résistance[1] waren natürlich keine
Parteien im eigentlichen Sinn des Wortes; sie verfügten nicht über
25 feste Organisationen; ihre losen Gruppierungen bildeten sich immer nur ad hoc[2]; den meisten davon fehlte ein klar artikuliertes
Programm; ihre Parolen waren verworren, oft voller Widersprüche.
Deshalb läßt sich die Haltung der Akteure auch nur summarisch
und ungefähr bestimmen.
30 Wo die Not am größten war, unter den Bauern, da war an ein Be-
wußtsein von der eigenen Lage am allerwenigsten zu denken. Auf
den Dörfern herrschte „Lokalborniertheit dumpfe, fanatische Bi-
gotterie[3], Treu und Redlichkeit" (Engels) der Anteil der Analphabe-

---

[1]  (frz.:) Widerstand
[2]  (lat.:) aus dem Augenblick heraus
[3]  übertriebener Glaubenseifer

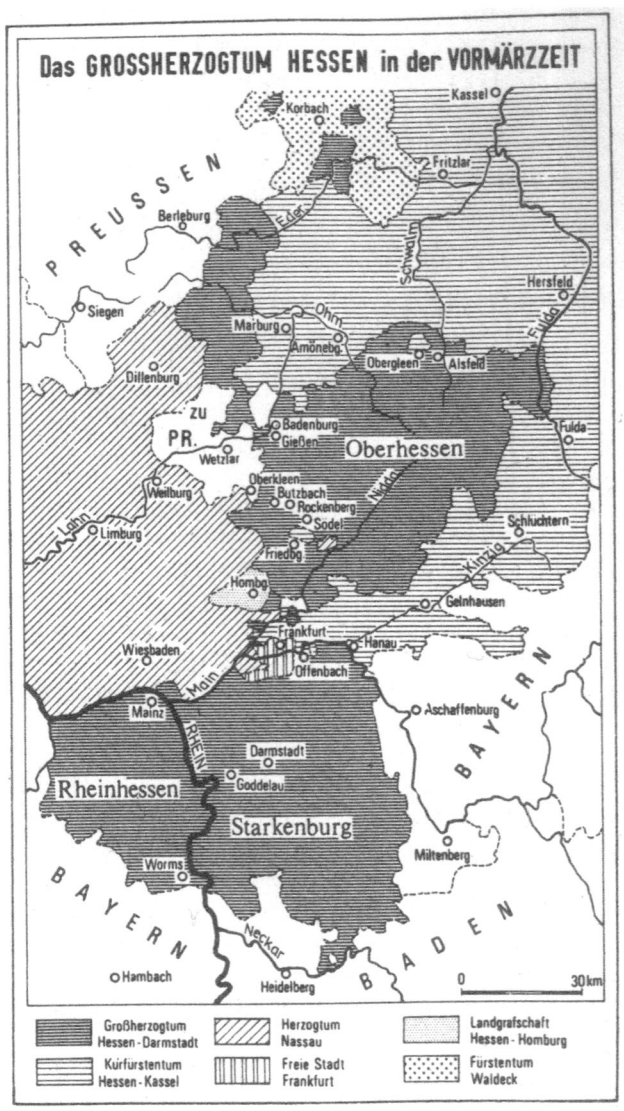

Großherzogtum Hessen in der Vormärzzeit

ten an der Landbevölkerung war beträchtlich. „Die Bauern", zu
diesem Schluß kam Engels, „bilden eine ähnlich hilflose Klasse wie
die Kleinbürger, von denen sie sich übrigens vorteilhaft durch größeren Mut unterscheiden. Dafür sind sie aber auch aller histori-
5 schen Initiative durchaus unfähig." Wo es zu gewaltsamen Aktio-
nen der Bauern kam, da blieb ihr Aufruhr blind und ziellos.

Aus: Georg Büchner/Ludwig Weidig. Der Hessische Landbote. Kommentiert von
Hans Magnus Enzensberger. © Insel Verlag, Frankfurt am Main und Leipzig 1974,
S. 36–42. Aus linzenzrechtlichen Gründen nicht in reformierter Schreibung.

## Christian Neuhuber: Darmstädter Verhältnisse

So wirklichkeitsenthoben *Leonce und Lena* (nicht erst) auf den heutigen Rezipienten in seiner stilisierten Künstlichkeit auch wirken
muss, sind bei näherer Betrachtung die deutlichen Spuren eines
realpolitischen Szenarios nicht zu übersehen. Doch wird der kon-
5 krete spätabsolutistische Fall ins Allgemeintypische, Systemspezi-
fische transzendiert[1], um die Kritik und damit auch das komische
Potenzial über das Lokalsatirische hinaus auszuweiten. Die Idee
zu einer Komödie mag Büchner bereits angesichts des Spektakels
um die Hochzeit des hessischen Erbgroßherzogs Ludwig mit der
10 bayerischen Prinzessin Mathilde gekommen sein. Schon seit Beginn des Jahres 1833 wurde eine Eheschließung zwischen dem
Darmstädter Thronfolger und der zweitgeborenen Wittelsbacherin
in Erwägung gezogen. Nach einem ersten Kennenlernen Ende Fe-
bruar kam es im April zur offiziellen Verlobung: eine Mätresse[2]
15 Ludwigs (man vergleiche die Rosetta-Szene) musste allerdings zuvor wenig elegant mit Abfindungen entsorgt werden. In den Folge-
monaten sorgten die unterschiedliche Konfessionalität[3] der Braut-
leute und der Streit zwischen hessischer Regierung und Landtag
um die Sonderausgaben für den Schlossumbau und die bevorste-
20 henden Feierlichkeiten zunächst für eine Verzögerung des Ver-
handlungsabschlusses. Im November aber konnte die Verlobung
hochzeremoniell *in effigie*, also durch die Überreichung eines Bilds

---

[1] transzendieren: die Grenzen eines Bereichs überschreiten
[2] Geliebte eines Fürsten
[3] Glaubenszugehörigkeit

des Bräutigams an die Braut durch einen Sondergesandten, bestätigt werden. Das für den Fortbestand eines Herrscherhauses so zentrale Ereignis der Hochzeit fand schließlich am 26. Dezember 1833, dem Geburtstag des Großherzogs Ludwigs II., in München
5  statt, 12 Tage später reiste das Paar nach Hessen-Darmstadt ab, wo ihm ein akribisch[1] arrangierter, triumphaler Empfang bereitet wurde, unter Einbindung der zur Akklamation[2] angehaltenen Bevölkerung. Noch vor der Ankunft in der Residenzstadt wurde in Offenbach am 10. Januar 1834 eine öffentliche Tafel gehalten, bei
10  der das Volk den Genuss hatte, der höchsten Herrschaften ansichtig zu werden, wie Weidig wenig später in seinem *Leuchter und Beleuchter* spöttisch anmerkt. Das aufwendigste Festprogramm aber wurde in Darmstadt inszeniert, wo die Spaliersteher und Empfangsgruppen je nach Bedarf von Ort zu Ort verschoben wurden,
15  um den Eindruck eines möglichst zahlreich jubelnden Volks zu erwecken. Noch Wochen sollten die Festlichkeiten nach dem strengen Reglement der höfischen Festkultur im gesamten Großherzogtum andauern.

Das spätabsolutistische Zeremoniell war ein Repräsentationsritu-
20  al, in dem die politisch-gesellschaftliche Ordnung als Äquivalent[3] kosmischer Gesetzmäßigkeiten zum Ausdruck gebracht werden sollte. Dieses Macht legitimierende und stabilisierende Zeichensystem regelte nicht nur die öffentlichen Handlungen des Hofs, sondern durchformte auch das Privatleben der Herrschenden bis
25  in die Bereiche des Intimen, wie etwa das Beispiel des zeremoniellen Ankleidens zeigt. Der nüchterne Betrachter konnte dem hohlen Pathos der Hofgesellschaftsformen nur zu leicht komische Seiten abgewinnen. Ludwig Wilhelm Luck, Schulfreund Büchners, berichtet von dessen Spott über den „residenzlichen Kulturboden", der
30  ihm und seinen Freunden „ergötzlichen Stoff zu allerlei kritischem und humoristischen Wetteifer in Beurteilung der Zustände bot". So wird der zeitgenössische Bewohner Hessen-Darmstadts in der Komödie nicht wenige Parallelen zu den aktuellen Zuständen im

---

[1]  sehr genau, sorgfältig
[2]  Beifall, Applaus
[3]  Entsprechendes

kleinen Duodezfürstentum[1], auf dessen Namen schon das König-
reich Popo fäkalkomisch[2] anspielt, gefunden haben. Es sind unter
anderem bestimmte Elemente des hochzeitlichen Festzeremoni-
ells, das Büchner aus eigener Anschauung aus Berichten und
5 Chroniken kannte, so etwa die Ankündigung der Hochzeit und der
Ankunft der (im Stück auch dem Prinzen noch unbekannten) Ver-
lobten vor dem Staatsrat,
die Vorbereitungen für die
festliche ‚Einholung‘ der
10 Braut und das Warten der
Personalstaffage[3], schließlich die scheinbare Stell-
vertreter-Eheschließung
(tatsächlich wurden in
15 Darmstadt zeitgleich zur
Münchner Hochzeit mit
Stiftungsgeldern drei Trau-
ungen unbemittelter Paare
durchgeführt).
20 Auch die Ausprägungen
des höfischen Alltagszere-
moniells werden einer zum
Lachen reizenden Kritik

Ludwig II. von Hessen-Darmstadt im
Familienkreis, 1844

unterzogen, das Lever[4] des Königs, der Unterordnungsautomatis-
25 mus des ‚beratenden‘ Staatsrats, die gespreizte Höflingssprache
mit Anredeformeln, überkommener Phraseologie[5] und sinnver-
schüttender Hyperbolik[6], der Symmetriezwang oder auch die Klei-
derordnungen, wie sie im Uniformkult des Darmstädter Hofs den
Zeitgenossen besonders augenfällig waren. Wie hier zielt die sati-
30 rische Spitze in Leonce und Lena nicht selten auf konkrete Darm-

---

[1] (iron.:) sehr kleines Fürstentum
[2] fäkal: die Fäkalien betreffend, daraus bestehend; kotig
[3] Gruppierung von Menschen zur Belebung des Dargestellten
[4] Audienz am Morgen, Morgenempfang bei einem Fürsten
[5] Gesamtheit typischer Wortverbindungen, charakteristischer Redewen-
  dungen
[6] Übertreibung

städter Verhältnisse, doch verdeckt die dezente Personalsatire nie die grundsätzliche Problematik des spätabsolutistischen Systems. So etwa, wenn bereits in der ersten Szene von Valerio mit „ach bester Herr Leibmedicus Cantharide, ich bin um einen Erbprinzen
5 verlegen" das Hauptproblem absolutistischer Herrschaft angesprochen wird, nämlich das Aussterben der Dynastie aufgrund von Kinderlosigkeit. Auch die Ehe des Erbgroßherzogspaars war 1836 noch kinderlos (und sollte es auch bleiben) und boshaft empfiehlt der Mediziner Büchner hier implizit mit der ‚spanischen Fliege'
10 das stärkste bekannte Aphrodisiakum[1], um in die politische Pflichtverbindung etwas sexuelle Leidenschaft zu bringen. Unübersehbar trägt König Peter in Büchners Lustspiel Züge des Großherzogs Ludwig II., dessen Unzugänglichkeit und Unsicherheit bei öffentlichen Auftritten wohl nicht zu Unrecht als völliges Desinteresse an den
15 Regierungsgeschäften interpretiert wurde. Für die wenigen, durch das Zeremoniell unabdingbaren Auftritte des Großherzogs vor dem Hessischen Landtag schrieben Regierungsmitglieder die Reden, wenn er sich nicht überhaupt durch seinen Staatsminister vertreten ließ.

Aus: Christian Neuhuber: Georg Büchner. Das literarische Werk. Berlin: Erich Schmidt 2009, S. 116 f.

## Allerhöchster Erlass des Großherzogs Ludwig II.

*Ludwig II.*
*von Gottes Gnaden etc. Großherzog von*
*Hessen und bei Rhein etc. etc.*
Unsern Gruß zuvor, Liebe und Getreue, Stände des Großherzogtums! Unseres freundlich geliebten Sohnes, des E r b - g r o ß h e r z o g s von Hessen Hoheit und
5 Liebden, sind mit Ihrer Königlichen Hoheit der Durchlauchtigsten Prinzessin M a t h i l d e, ältesten Tochter Seiner Majestät des Königs von Bayern, ein feierli-

---

[1] die sexuelle Lust steigerndes Mittel

Ludwig II. von Hessen-Darmstadt

ches Eheversprechen eingegangen
und werden, Unserer Absicht gemäß, noch im Laufe dieses Jahres
Ihre Vermählung vollziehen. Es ge-
5 reicht Uns zur besonderen Genug-
tuung, Unseren lieben und Getreu-
en, Ständen des Großherzogtums,
hiervon zu benachrichtigen, indem
wir Uns überzeugt halten, dass
10 Dieselben aufs Innigste die Freude
teilen werden, die Wir über ein Ereignis empfinden, das, wie Wir zu
hoffen alle Ursache haben, ebenso
sehr das Glück Unseres Großher-
15 zoglichen Hauses befestigen, als
für Unser Volk von segensreichem
Einfluss sein wird. Womit Wir Un-

Hans Olden als Zeremonienmeister in der Uraufführung
von „Leonce und Lena" des
„Intimen Theaters" im Freien

sern Lieben und Getreuen, Ständen des Großherzogtums, mit
Landesfürstlichen Hulden und Gnaden gewogen bleiben.

20 *Darmstadt, am 17. April 1833.*

*Ludwig.*

Aus: Georg Büchner: Leonce und Lena. Marburger Ausgabe. Band 6. Hrsg. von
Burghard Dedner. Darmstadt: Wissenschaftliche Buchgesellschaft 2003, S. 419

Szene aus der Uraufführung von „Leonce und Lena"

## Chronik der Feierlichkeiten

[...]

Keine Kunde wurde seit langer Zeit von allen Hessen mit lauterem Jubel empfangen, an keinem Ereignis der erhabnen Regentenfamilie in allen Teilen des Landes freudigerer Anteil genommen, keine
5 Nachricht erregte schönere Hoffnungen für die Zukunft, als die im April des Jahrs 1833 offiziell angezeigte in München vollzogene Verlobung Seiner Hoheit des Erbgroßherzogs L u d w i g  v o n  H e s - s e n mit Ihrer Königlichen Hoheit der Durchlauchtigsten Prinzessin M a t h i l d e von B a y e r n , Seiner Majestät des Königs L u d w i g
10 ältesten Tochter. Die heißen Wünsche der Eltern für das Glück des geliebten Sohnes, die Wünsche des Vaterlandes nahten durch dieses ersehnte Ereignis der herrlichsten Erfüllung. Der Anteil, den man allenthalben an dem hohen Verlöbnisse nahm, steigerte sich zur größeren Innigkeit, da bald die preiswürdigen Tugenden der in
15 ganz Bayern verehrten Königstochter in allen hessischen Gauen[1] zur Kenntnis der Bewohner gelangten; und wurde zur aufrichtigsten Freude, weil zwei edle Herzen sich so schön gefunden und in reiner Liebe und verehrender Hochachtung sich entgegenschlugen. [...]
20 Am 20. April [1833] traf Seine Hoheit der Erbgroßherzog im besten Wohlsein in Darmstadt ein. Die erhabenen Eltern segneten freudig

Das Großherzogliche Residenzschloss von Nordwesten, 1818. Hessisches Landesmuseum Darmstadt. Foto: Wolfgang Fuhrmannek

---

[1] Gau: (großer landschaftlicher) Bezirk

den feierlich geschlossenen Bund des geliebten Sohnes. Seine Königl. Hoheit der Großherzog geruhte alsbald die Stände des Landes von dem feierlichen Eheversprechen des Thronerben in einem Allerhöchsten Erlass zu benachrichtigen. Das Präsidium der ersten
5 Kammer, Seine Hoheit der Prinz Emil von Hessen, sprach nachdem der Allerhöchste Erlass zur Kenntnis der Kammer gelangt war, in der einundzwanzigsten Sitzung die schönen Worte, die in den Herzen aller Versammelten den reinsten und vollsten Anklang fanden. „Die hohe Kammer – so lauten sie – wird gewiss mit auf-
10 richtiger Freude und reger Teilnahme dieses hohe Ereignis vernommen haben, welches zu den schönsten Hoffnungen für die Zukunft berechtigt, und sie wird es ohne Zweifel mit ihren besten Wünschen und Segnungen begleiten. Zugleich ist aber durch diesen Allerhöchsten Erlass ein neuer Beweis gegeben, wie bei allen
15 Veranlassungen das Wohl und Beste seines Volkes stets der erste Gedanke unsers geliebten Großherzogs ist. Ich glaube daher den Wünschen und den Ansichten der hohen Kammer zu entsprechen, wenn ich vorschlage, dass die Gefühle, welche der fragliche Erlass und das darin erwähnte freudige Ereignis erregten, in einer Adres-
20 se ausgedrückt, und dass demnächst um die Erlaubnis gebeten werde, diese Seiner Königl. Hoheit dem Großherzog durch eine Deputation[1] überreichen lassen zu dürfen. Ich verbinde hiermit den Vorschlag, dass durch dieselbe Deputation Ihrer Königl. Hoheit der Frau Großherzogin und Seiner Hoheit dem Erbgroßherzo-
25 ge die Glückwünsche der Kammer dargebracht und die freudige Teilnahme bezeigt werde, mit welcher dieselbe diese erwünschte Nachricht entgegengenommen hat." [...]
[...] Den 31. Oktober reiste der Großherzogl. Hess. Oberkämmerer, der Herr Fürst von Sayn-Wittgenstein Durchlaucht, begleitet
30 vom Kammerherrn, Freiherrn von Riedesel, mit dem Auftrage, als außerordentlicher Gesandter Seiner Königl. Hoheit des Großherzogs bei des Königs und der Königin von Bayern Majestäten für Seiner Hoheit den Erbgroßherzog von Hessen um die Hand Ihrer Königl. Hoheit der Prinzessin Mathilde von Bayern
35 feierlich zu werben, zu seiner Bestimmung nach München ab, und

---

[1] Abordnung

hielt am 12. November da-
selbst seine feierliche Auf-
fahrt bei Hofe. [...] Als Zeichen der Einwilligung auch
5 von Ihrer Seite verneigte
sich die Prinzessin gegen
Ihre Königl. Eltern. Hierauf
überreichte der Gesandte
das von dem Kammerherrn
10 Freiherrn v. Riedesel auf
einem Kissen getragene
Porträt des hohen Bräuti-
gams, welches der Prinzessin durch eine Hofdame
15 angeheftet wurde. – [...]
Sobald das geliebte Paar
den hessischen Boden
betrat, (Mittwoch den 9. Januar abends 8 Uhr) ertönte

Automatenszene in der Salzburger
Aufführung 1975

20 tausendstimmiger Freudenruf. Die von den Grenzgemeinden ge-
meinschaftlich errichtete Ehrenpforte [...] mit der Überschrift:
*Ersehntes, geliebtes Fürstenpaar,*
*Ziehe ein ins treue Vaterland!*
war prachtvoll erleuchtet und gewährte einen überraschenden An-
25 blick. Die gute Aschaffenburger Militärmusik begleitete das viel-
fach wiederholte „Lebehoch" und „Willkommen" mit ihrem schönen Spiel. Die Kreisbehörde, ein Teil des geist- und weltlichen
Vorstandes, eine Ehreneskorte, gebildet aus Bürgern und Bürger-
söhnen Seligenstadts, die Schuljugend, von ihren Lehrern umge-
30 ben, waren daselbst aufgestellt. [...] Die ganze Umgebung war er-
griffen von der Szene des Abschieds; alle waren bis zu Tränen
gerührt; mit trauerndem Herzen kehrte der Zug des bayerischen
Gefolges zurück.
Umringt von der Ehreneskorte ging der Zug auf der schön erleuch-
35 teten Landstraße fort, woselbst ein Teil der Schuljugend aufgestellt
war, welche freudig ihre mit den hessischen und bayerischen

Nationalfarben geschmückten Fähnchen schwingend, ein Festlied
absangen. [...]

I. I. H. H.[1] der Prinz Emil und Karl von Hessen waren den hohen
Neuvermählten bis hierher entgegengefahren und überraschten
5 dieselben mit Ihrer sehr erfreulichen Gegenwart. Der Großh. Ober-
zeremonienmeister Freiherr von Türkheim, begleitet von den
Großh. Kammerherrn von Rabenau und von Gall, war von den
Durchlauchtigsten Eltern beauftragt, den Glückwunsch wegen der
ins Vaterland erfolgten Ankunft darzubringen, und entledigte sich
10 hierselbst des Hohen Auftrags. [...]
An dem Frankfurter Tore, durch welches der Zug sich bewegte, war
ein schöner Triumphbogen errichtet; der Landstraße entlang hatte
sich eine unzählige Menschenmenge versammelt, um ihren edlen
Fürstensohn und dessen liebenswürdige Gemahlin noch einmal
15 zu sehen und zu begrüßen. Die Ehreneskorte gab das Geleit bis
Froschhausen, woselbst ein schöner Triumphbogen errichtet
und der Ortsvorstand versammelt war. [...]
An der Grenze des Kreises wurden I. I. K. H. H.[2] von dem Großherzogl. Kreisrath und Kreissekretär zuerst bewillkommt und am
20 Weichbild[3] der Stadt waren 2 Obelisken[4] mit Hessischen und Bayerischen Wappen und den verschlungenen Namenszügen der Hohen Neuvermählten errichtet, wo eine Deputation der Stadt und
die mit den beiden Landesfarben in Schärpen und Cocarden[5] ge-
schmückte Ehrenkavallerie in zwei Divisionen I. I. K. H. H. empfin-
25 gen, und unter dem Geläute aller Glocken durch die Stadt, welche
mit blau- und rot-weißfarbigen Fahnen dekoriert war, bis zu dem
Absteighotel, dem von außen und innen elegant geschmückten
Hessischen Hof, unter dem beständiger Vivatruf[6] der versammelten ganzen Bürgerschaft begleiteten. Die Regimentsmusik spielte
30 das schöne Lied: „Heil unserm Fürsten Heil!", welches in den Her-

---

[1]  Ihre Hoheiten
[2]  Ihre Königlichen Hoheiten
[3]  Stadtgebiet
[4]  Obelisk: frei stehende, rechteckige, spitz zulaufende Säule
[5]  Kokarde: Hoheitszeichen in den Landes- od. Stadtfarben an Kopfbede-
     ckungen von Uniformen
[6]  Vivat (lat.): Hochruf: Er, sie, es lebe!

zen aller treuen Hessen wiederhallte. Sechzig in beiden Landesfarben gekleidete, zu beiden Seiten der Stiege aufgestellte Jungfrauen
streuten Blumen von der Straße an bis in den Empfangsaal, in
welchem die Zivil-, Militär- und geistlichen Behörden, ihre Huldi-
5 gung darzubringen, sich versammelt hatten. [...] I. I. K. H. H. geruhten, ein Gabelfrühstück[1] daselbst einzunehmen und zu demselben Glieder aus allen Autoritäten einladen zu lassen, unter dem
besonderen Befehl, dass Höchstdieselben offene Tafel halten und
allen Bürgern freien Zutritt gestatteten, welches mit innig geehr-
10 tem Dankgefühl benutzt wurde. Ebenso wurde der von der Stadt
zur Erinnerung an dieses hohe Fest bestimmte Wagen, an welchem sich beide Landeswappen, mit silbernen Kronen, an dem
Sitz befinden, huldreichst angenommen. Das fürstliche Paar ver-
weilte zur Freude aller bis Mittag, obgleich es der Wunsch der gu-
15 ten Offenbacher war, länger dieses Glück genießen zu können.
Unter Vorausfahrung des Großherzogl. Kreisrats und Kreissekre-
tärs, dem Geläute aller Glocken und abermaligen Begleitung der
Ehreneskorte, deren schöne Haltung und gefälliges Äußere sich
der höchsten Anerkennung zu erfreuen hatten, verließ das geliebte
20 Fürstenpaar die Stadt, begleitet von den Segenswünschen der ganzen Einwohnerschaft. [...]

Aus: Georg Büchner: Leonce und Lena. Marburger Ausgabe. Band 6. Hrsg. von
Burghard Dedner. Darmstadt: Wissenschaftliche Buchgesellschaft 2003, S. 405–410

---

[1]  bei besonderen, festlichen Anlässen eingenommenes zweites Frühstück
am späten Vormittag

# 4. „Leonce und Lena"
# auf der Bühne heute

*Büchners Lustspiel „Leonce und Lena" stand stets im Schatten seiner beiden anderen Dramen „Dantons Tod" und „Woyzeck". Nach seiner Uraufführung 1895, gespielt vom „Intimen Theater" in einer Münchner Parkanlage, musste das Stück lange Zeit warten, bis es ins feste Repertoire deutscher Bühnen aufgenommen wurde. Dies änderte sich erst in den 1970er-Jahren, in denen das Theater – nicht zuletzt infolge eines neuen Literaturverständnisses nach der Studentenrevolte von 1968 – die beißende Gesellschaftskritik von „Leonce und Lena" für sich entdeckte. Damals wurde das Stück vor allem aufgeführt, um die sozialen und politischen Missstände der eigenen Zeit anzuprangern. Mittlerweile gehört Büchners Lustspiel zu den im deutschsprachigen Raum häufig gespielten Klassikern. Der sozialkritische Anspruch trat in den meisten neueren Inszenierungen allerdings zugunsten anderer Aspekte in den Hintergrund. So wurden häufig die Themen Dekadenz, Melancholie und Langeweile, aber auch das Automatenmotiv aufgegriffen, um den heutigen, von Ziellosigkeit und Oberflächlichkeit geprägten Zeitgeist auf der Bühne darzustellen. Im Folgenden sind die Rezensionen dreier sehr unterschiedlicher Aufführungen aus den vergangenen Jahren abgedruckt. Sie vermitteln einen Eindruck vom breiten Spektrum, in dem sich moderne Theaterinszenierungen bewegen.*

## Stefan Grund:
## Leonce und Lena sind in Hamburg schön böse
**Rezension zur Aufführung am Thalia Theater Hamburg 2008**

Eigentlich ist Georg Büchners Stück „Leonce und Lena" ein Lustspiel. Beim Saisonauftakt am Thalia Theater in Hamburg sieht das aber anders aus. Regisseur Dimiter Gotscheff entzaubert die Geschichte vom Prinzen und seiner Prinzessin. Nur eine einzige Fi-
5 gur leidet wie ein richtiger Mensch.
Da haben wir gleich den ganzen „Mythos von Sisyphos" von Albert Camus in einem großartigen Theaterbild: Bei Regisseur Dimiter Gotscheff spielt der Schlafsack im Thalia Theater endlich einmal die entfesselte Rolle, die ihm gebührt. 80 Stück, gefüllt mit Schnarchsä-

cken, also Statisten, die das Volk spielen, legt der Inszenator von Georg

5 Büchners „Leonce und Lena" uns in Hamburg zum Saisonstart auf eine schiefe Bahn, die

10 wir zweifellos als Sisyphos'schen Hügel aus der Unterwelt deuten dürfen.

Szene aus der Aufführung am Thalia Theater Hamburg

Auf dem Gipfel der Anhöhe haust ein achtköpfiger, militärisch uniformierter, antiker Chor, der sich meist beobachtend hinter die

15 höchste Reihe der Schlafsäcke hockt und von diesem Hochstand im Wald der Gefällten, der Hartz-IV-Empfänger, der Obdachlosen sowohl das Volk in Schach hält als auch das Geschehen – hübsch choreografiert – gestisch, mimisch und chorisch sprechend mehr affirmativ[1] begleitet als kritisch kommentiert. Diese Truppe denkt

20 nicht, sie handlangert. Sie bildet das Machtscharnier zwischen der herrschenden Kaste und den immobilen Untertanen. Merke: Ein sich in Schlafsäcken wälzendes Volk wirkt wie eine Masse.

*Wie der junge Mick Jagger*

Vor den Säcken, zwischen den Säcken, über den Säcken spielt

25 Prinz Leonce (Ole Lagerpusch) in Popo, dem „größten der Fäkalkönigreiche", mit Worten wie mit Menschen. Und wie dieser Lagerpusch geradezu irre auf Rasiermessersklingenbreite zwischen Sympathieträger und Widerling tänzelt, macht emotional ein wenig schwindelig. Mit bloßem Oberkörper gibt er den jungen Mick

30 Jagger, ohne dass er für den guten Eindruck singen müsste.

Andreas Döhler steht ihm als Zeitvertreibskumpel Valerio in nichts nach. Dieser Valerio ist auch Woyzeck, ein menschlicher Abgrund, in den Döhler uns Einblick gewährt. Er vergewaltigt und demütigt

---

[1] bejahend

König Peter (Peter Jordan) zwischen Valerio (Andreas Döhler; links)
und Leonce (Ole Lagerpusch; rechts)

im Namen seines Herrn dessen abgelegte Geliebte Rosetta (Olivia
Gräser), die als Einzige in diesem Stück leidet wie ein Mensch.
Nicht zuletzt aber trägt Valerio machthungrige Züge. Wie ein mit-
telalterlicher Kardinal, der den König kontrolliert und manipuliert,
5 ohne seinen Ruf zu beschädigen, treibt er den Prinzen Leonce immer weiter ins Absurde.
Katrin Wichmann als prächtig verderbte Prinzessin Lena, die sich
von ihrer knallharten Gouvernante (Victoria Trauttmannsdorff) auf
der Flucht vor der Zwangsehe zwecks Selbstbefriedigung erotische
10 Reitliteratur vortragen lässt, ist ein ebenbürtiges Gegenüber.

*Sie begegnen sich nach zwei Stunden*

Als nun Lena und Leonce nach einem auf knapp zwei Stunden ge-
zogenen absurden Moment einander begegnen, kommt Knall auf
Fall die ganze Größe dieser Regieleistung zum Vorschein. Denn die
15 gesammelte Bosheit der sich auf Kosten des Volkes fast zu Tode
langweilenden und damit gar über Strecken hadernden Herrschenden schützt sie doch vor der Liebe und ihren unmittelbaren Folgen
nicht. Vorher spielen sie mit der Lust, jetzt spielt plötzlich die Lust
mit ihnen. Das ist das tiefgründigere Lustspiel. Prinz und Prinzes-
20 sin erkennen einander, fallen übereinander her. Derweil handeln
Valerio und Gouvernante einige Stellungswechsel ab. Gotscheff
arbeitet das wundervoll heraus – als die Liebe wie ein Blitz ein-

schlägt, sprechen Le-
once und Lena im
Chor, in gleicher
Stimmlage die un-
5 sterblichen Worte:
„Mensch, du hast
mich um den schöns-
ten Selbstmord ge-
bracht. [...] Jetzt bin
10 ich schon aus der
Stimmung."

Katrin Wichmann als Lena

Das ist noch zeitgemäßer als all die hübschen Zitate, die der trot-
telige König Peter (Peter Jordan) vom Ruck, der durch das Land
gehen solle, bis zur angestrebten Vollbeschäftigung in seine wirren
15 Reden ans Volk einstreut. Das ist noch treffender als all die hübschen Worte, die Gotscheff Hamlet klaut, um sie diesem unver-
gleichlich unwürdigeren Prinzen in den Mund zu legen, dem wir
sie nicht glauben.

Aber diese eine Erkenntnis bewegt in dieser Inszenierung das Ge-
20 fühl, als sei John Lennon auferstanden: Die Liebe ist die Revolte,
nur in ihr ist der Mensch gut, weil er zu sehr abgelenkt ist, um böse
zu sein. Selbstmord ist nicht die Alternative, Mord auch nicht. Alles, was der Mensch beim Starren auf die Erwartung des eigenen
Todes sinnvollerweise tun kann, falls er den Glauben an die
25 menschliche Willensfreiheit verloren haben sollte, ist entweder
verliebt sein oder auf die große Liebe warten.

Der Regisseur Dimiter Gotscheff aber hat einen hintergründigen
Humor. Was der Wartende tut, ist bei Büchner sisyphosgemäß wie-
derum gleichgültig, muss uns aber nicht gleichgültig bleiben. Er
30 könnte zum Beispiel darauf achten, beim Erklimmen des Hügels
nicht auf das Volk zu treten. Und das Volk – das übrigens zeitge-
mäß rationell trotz der 80 Schlafsäcke nur aus sechs Statisten bestand – könnte dann und wann ein wenig umwälzen: sich oder die
Verhältnisse, je nachdem, wonach ihm gerade ist.

URL: http://www.welt.de/welt_print/article2410630/Der-Mythos-von-Leonce-und-Lena.html (Aufruf: 20.10.2014)

## Andreas Klaeui: Im Boutiquenfürstentum
### Rezension zur Aufführung am Zürcher Schauspielhaus 2011

*Leonce und Lena – Am Zürcher Schauspielhaus inszeniert Barbara Frey Büchner als Shopping-Traumspiel*

Zürich, 15. September 2011. Die thematische Ballung fällt schon auf: Diese Saison takten die Zürcher Theater mit konzertierten
5 städtischen Sinnkrisen auf. „Wie soll ich gut sein, wenn alles so teuer ist?", fragt das Neumarkt moralisch-materialistisch seit Wochen von den Pla-

katwänden herab
und beruft sich da-
10 bei auf Brecht
(„Der gute Mensch
von Sezuan");
überhaupt den ur-
banen Ausverkauf
15 Zürichs stellt das
Schauspielhaus
fest („Alles muss
weg!") und begeg-

Aufführung im Zürcher Schauspielhaus 2011,
Regie: Barbara Frey

net weiterhin festgestellter existenzialer Nausée[1] mit Beckett und
20 Büchner. „Mein Leben gähnt mich an", sagte Leonce schon 1836,
und es ist als Zweites ja nicht weniger auffällig, dass beide großen
Zürcher Häuser zur Formulierung ihrer Diagnosen auf die Klassiker unter den Klassikern zurückgreifen.

„Leonce und Lena" also zum Start: Das Bühnenbild werde „so ein
25 typisches Zürcher Ladengeschäft", sagte Leonce Jirka Zett mir vor
mehreren Wochen, und so sieht es tatsächlich aus – eins zu eins
aus der Altstadt übernommen, bis hin zur typischen blauen Hausnummer. Shoppen verschafft stets noch ein gutes Gefühl, auch
wenn es in Zürich zweifelsohne eher teuer zu stehen kommt. So
30 geht es jedenfalls Rosetta (Lilith Stangenberg) – das ist Leonces

---

[1] (frz.:) Übelkeit, Brechreiz; hier Anspielung auf Jean-Paul Sartres 1938 er-
schienenen Roman „La nausée" (dt. „Der Ekel"), der als Hauptwerk des
Existenzialismus gilt

Anfangsgeliebte, die er brutal entlässt und die später auch bei
Büchner keine Rolle mehr spielt: Sie kauft sich beim Damenaus-
statter eine neue Identität und rauscht recht stark ab.

*Der Traum vom ewigen Frühling*

5 Einschlägige Einkaufstüten im Dutzend hat auch König Peter dabei
(Michael Neuenschwander); und am Galahemdsärmel hängt noch
das Ausverkaufsetikett. Vor der Schaufensterfront spielt „Leonce
und Lena" in Zürich, der Clou: Mit jeder Szene ist es eine andere
Auslage. Wie die Hausnummer wechselt die Art der Boutique auf
10 der Bühne von Bettina Meyer, typisch zürcherisch bleiben sie alle,
der Spezereienhandel[1] aus dem Niederdorf wie die Modeboutique
von der Bahnhofstraße.
Es sind Tagesreste. Wie im Traum verschwimmen sie ineinander
und verschieben sich, mal mit eklatantem[2] Sinn, mal liegt die Deu-
15 tung weiter weg, natürlich denkt man beim Kolonialwaren-Handel:
ein Laden voller Träume und die Erinnerung an eine Welt der noch

Aufführung im Zürcher Schauspielhaus, Regie: Barbara Frey

---

[1] Spezereien (veraltet): Gewürze
[2] eklatant: offenkundig

nicht globalisierten Kleinstaaten; und wenn es Leonce nach Italien
zieht, spiegelt sich die Leuchtschrift „Beldona" hinter Antiquitäten.
„Leonce und Lena" in Zürich ist ein Traumspiel. Barbara Frey
macht dies von Beginn weg deutlich, in der szenischen Setzung, in
5 einer automatenhaften Spielästhetik, leitmotivisch mit Musik,
„Good Night" von den Beatles – ein romantischer Traum von
Brennspiegeln, die ewigen Frühling ins Land zaubern und Makkaroni in den Mund, vielleicht ein politischer Traum, vor allem aber
ein großartiger Liebestraum.

10 *Arschtritte für die Untertanen*

Musik spielt eine wichtige Rolle in dieser Inszenierung, von der
melancholischen Dichterliebe Robert Schumanns bis zum Sprach-
verführungsblues von „I Put a Spell On You" – das ist dann die
große Nummer von Markus Scheumann; sein Valerio ist nicht nur
15 darin hinreißend, sondern überhaupt der trockenste Sprachclown,
ganz wunderbar komisch unterspielt. Barbara Freys Inszenierung
wird beinahe schon zum Singspiel.
„Leonce und Lena" bekommt dadurch etwas Märchenhaftes, Flir-
rendes, eben diese Traumverlorenheit, und es ist wahr: darin auch
20 etwas Liebliches, auch wenn Barbara Frey Büchners sozialsatiri-
sche Reibungen durchaus nicht übersieht, sondern im Gegenteil
deutlich inszeniert, mit regelmäßigen Arschtritten für die Untertanen etwa – doch es ist ein Traum, insgesamt, und im Traum darf
die Utopie ja für einmal auch einfach so für sich stehen bleiben.

25 *Märchenhafter Schluss mit Irritationen*

Es ist die Utopie von der großen Liebe die alles zum Leben und
Leuchten und Glänzen bringt, auch dies wird in Barbara Freys Regie sehr deutlich. Sie arbeitet sich mit viel Liebe zum spielerischen
Detail von Szene zu Szene, es gibt manche kostbaren Momente,
30 aber noch keinen rechten dramaturgischen Drall (doch hat ihn das
Stück denn?) – bis Leonce und Lena (Sarah Hostettler) sich begegnen. Da erwachen sie, wortwörtlich, aus ihrem Schlaf, da entwi-
ckelt die Inszenierung enthusiastischen Schwung und kann ihn

beibehalten bis zum märchenhaften Ende. In das natürlich auch wieder Irritationen eingearbeitet sind wie eine unvorhergesehene Wiederkehr Rosettas.

Vor allem aber gibt es in Zürich einen Leonce: Jirka Zett. Da ist
5 Hamlet, Romeo, Sebastian, Benedikt in einer Person, und noch viele andere, er hat, Frühling auf den Wangen, Spätherbst im Herzen, die serene[1] Melancholie des Abgeklärten, der sich selbst nicht allzu wichtig nehmen will, aber auch die einnehmende Naivität dessen, der noch „an Idealen laboriert", er kann schneidend zy-
10 nisch sein, aber sich auch in strahlender Zärtlichkeit verzehren, am Ende scheint er nicht wirklich erlöst: Er hat ja nun zwar alles, doch was will er wirklich damit? Bis ihm die schöne Idee mit den Brennspiegeln und den Makkaroni kommt, und wir alle zusammen uns sanft nach Hause wiegen: „It's time to say good night, good night
15 sleep tight, dream sweet dreams for me, dream sweet dreams for you."

URL: http://nachtkritik.de/index.php?option=com_content&view=article&id=6055:leonce-und-lena-am-zuercher-schauspielhaus-inszeniert-barbara-frey-buechner-als-shopping-traumspiel-&catid=38&Itemid=40 (Aufruf: 20.10.2014)

## Michael-Georg Müller: Jubel um Leonce und Lena
### Rezension zur Ballettaufführung am Aalto-Theater Essen 2008

*Essen. Kurzweil und Tanz auf hohem Niveau bei Christian Spucks Ballett mit munterem Musik-Mix im Aalto-Theater*

Prinz Leonce und sein Freund Valerio liegen auf dem Bauch, das Gesicht in die Hand gestützt, rollen auf dem Boden hin und her,
5 spielen, hocken schläfrig auf Regalbrettern an der Wand, gähnen und schlagen die Zeit tot. Verdammt zu Langeweile sind sie, bis Lena auftaucht. Man denkt, die beiden wollen raus aus Passivität. Doch Pustekuchen! Sie fliehen zwar in ein Wirtshaus, in dem aber bäuerliches Spießertum derb fröhlich vor sich hin schunkelt. Und
10 nach ihrer Rückkehr mutieren die beiden Protagonisten des Büchner-Lustspiels zu Automaten, streifen Masken über ihr Gesicht und feiern als mechanische Puppen Hochzeit.

---

[1] seren (veraltet): heiter

Leonce (Tomás Ottych) und Lena (Ludmilla Nikitenko) in Essen

*Am Ende machen sie es genauso wie der alte König*

Komik, Heiterkeit und gleichzeitig bitterer Sarkasmus herrschen in der Ballettfassung von „Leonce und Lena", die Christian Spuck jetzt als elektrisierenden Mu-
5 sik- und Bilderreigen in der Aalto-Oper herausbringt. So kurzweilig wie hier sieht man die von Büchner gegeißelte Langeweile nur selten auf
10 der Bühne.

*Talentsucher mit Spürnase*

Die bejubelte Uraufführung wurde nicht nur zum Tri- umph für den hochbegabten
15 Stuttgarter Choreografen, der bereits für bedeutende Kompanien in Europa und New York gearbeitet hat. Sie

Szene aus der Ballettaufführung am Aalto-Theater in Essen

krönt auch die Arbeit von Martin Puttke. Der Talentsucher mit
Spürnase geht am Ende der Saison in Rente. In 13 Jahren katapul-
tierte Puttke das Aalto-Ensemble in deutsche Ballett-Charts, machte Tänzer zu Persönlichkeiten, drillte sie aber auch zu lebendigen
5  Virtuosen – stets mit Blick auf Tradition und Moderne.
Dass sich diese beiden Seiten nicht ausschließen, beweisen besonders die Hauptdarsteller der letzten Premiere der Ära Puttke: der
athletische Tomás Ottych als verträumter Leonce, die Ballerina mit
Präsenz Ludmilla Nikitenko als Lena, der quirlige Denis Utila als
10  Valerio und die Bilderbuchballerina Alena Gorelcikova als Gouvernante. Die vier brillieren als Komiker und Melancholiker, gleiten
von hehrer neoklassischer Allüre[1] nahtlos über in schräge Comic-
Tableaus, bei denen der Erz-Karikaturist Honoré Daumier[2] Pate
gestanden haben könnte.
15  Sie schneiden Fratzen, strecken die Zunge heraus. Oder Leonce
und Lena umarmen sich wild wie Kleinkinder und schweben plötzlich in einem Pas-de-deux[3] davon. Den ewig nachdenklich tuenden
König Peter mit aufgerissenen Augen und Mund karikiert Spuck
indes als Hohlkopf mit Krone und feierliche Null, unbeholfen auf
20  einen Riesen-Thron kletternd.

*Vollversammlung der Entscheidungsschwachen*

Zu seinen Füßen der aufgeblasene Hofstaat mit Zeremonienmeister, Präsident und Hofprediger in Samt und Seide, Puder und Perü-
cken. Sie trippeln mit herausgestrecktem Po und angewinkelten
25  Armen immer in Windrichtung, sind Speichellecker, tun wichtig
und machen viel Lärm um Nichts. In solchen Szenen beleuchtet
Spuck hintergründig die politischen Hintergründe des Theater-
stücks: Georg Büchner persiflierte[4] mit dieser tragikomischen An-
sammlung von entscheidungsschwachen Ministern die erstarrte
30  Kleinstaaterei in Deutschland, die Biederkeit und die Verhältnisse

---

[1]  Auftreten, Benehmen
[2]  frz. Maler, Bildhauer und Karikaturist (1808–1879)
[3]  (frz.) „Schritte zu zweit"; bezeichnet ein Duett und ist meist der Höhe-
    punkt eines Balletts
[4]  persiflieren: fein, geistreich verspotten

an Fürstenhöfen im 19. Jahrhundert. Stets findet Spuck originelle Bewegungen für seine sprühende Ironie und die geradezu stürmische Langeweile, in der sich die Figuren ergehen.

Der Clou und Antreiber des Figurenspiels ist Spucks eigenwilliger

Leonce (Tomás Ottych) inmitten des Hofstaates

5 Musik-Mix gegen die Langeweile, federnd intoniert von den Bergischen Symphonikern unter Florian Ziemen. Polkas, Walzer und beschwingte „Fledermaus"-Ouvertüre von Johann Strauß, Bernd A. Zimmermanns „Das Gelb und das Grün", Schnittkes „Gogol-Suite", The Mamas and the Papas, Martin Donner und Hank
10 Cochrans Ohrwurm „Little bitty Tear". Die Melodien und Rhythmen wirbeln durcheinander, doch Christian Spuck bringt sie tänzerisch auf Punkt und Komma, betont meist das Burleske und manchmal die Melancholie. Keine Sekunde Langeweile.

URL: http://www.derwesten.de/wr/kultur/musik/die-wunderschoene-langeweile-von-leonce-und-lena-id1464219.html (Aufruf: 20.10.2014)

# 5. Eine Szene analysieren – Tipps und Techniken

*Ein gewichtiger Teil der Arbeit an der Komödie wird für Sie darin bestehen, einzelne Szenen zu analysieren, d. h. zu beschreiben und zu deuten und die Ergebnisse in einem Text zusammenzufassen. Im Folgenden erhalten Sie einige Tipps, wie Sie dabei sinnvoll vorgehen können und wie eine Textanalyse aufgebaut werden kann.*

**Vorarbeiten**

Lesen Sie die entsprechende Textstelle sorgfältig durch und markieren Sie alle Auffälligkeiten, z. B. sprachliche Besonderheiten, Bezüge zu Textstellen, die Sie bereits bearbeitet haben, mögliche Untersuchungsgesichtspunkte, Deutungsansätze. Markieren Sie nach Möglichkeit mit unterschiedlichen Farben oder unterschiedlichen Unterstreichungen (durchgezogene Linie, Wellenlinie, gestrichelte Linie ...).

**Auswahl einer geeigneten Analysemethode**

Texte können auf unterschiedliche Weise analysiert werden, im Wesentlichen geht es dabei um zwei Methoden:

a) Die Linearanalyse

Der Text wird von oben nach unten bzw. vom Beginn bis zum Ende bearbeitet. Dabei geht man nicht Satz für Satz vor, sondern kennzeichnet zunächst den Aufbau des Textes und bearbeitet die einzelnen Abschnitte nacheinander. Der Vorteil dieser Methode besteht darin, dass ein Text sehr detailliert und genau bearbeitet wird. Vor allem bei kürzeren Auszügen ist diese Analysemethode zu empfehlen. Man kann sich jedoch auch im Detail verlieren und die eigentlichen Deutungsschwerpunkte zu sehr in den Hintergrund drängen und den Zusammenhang aus dem Auge verlieren, wenn man zu kleinschrittig vorgeht.

b) Die aspektgeleitete Analyse

Der Schreiber bzw. die Schreiberin legt vorab bestimmte Untersuchungsaspekte fest und arbeitet diese nacheinander am Text ab. Der Vorteil dieser Methode besteht darin, dass der eigene

Text einen klaren Aufbau erhält und der Leser/die Leserin von Beginn an auf die Untersuchungsaspekte hingewiesen werden kann. Ein Nachteil kann darin bestehen, dass einige Deutungsaspekte, die als nicht so gewichtig angesehen werden, unter den Tisch fallen.

## Der Aufbau einer Linearanalyse

1. Einleitung: Hinweise auf den Text geben, aus dem die Szene stammt; evtl. über den historischen Hintergrund informieren; Ort, Zeit und Personen der zu behandelnden Szene angeben, kurze Inhaltsübersicht darbieten

2. Einordnung der Szene in den inhaltlichen Zusammenhang (Was geschieht vorher, was nachher?)

3. Zusammenfassende Aussagen zum inhaltlichen Aufbau, zu den Textabschnitten (kann auch in den folgenden Teil einfließen)

4. Genaue Beschreibung und Deutung der Textabschnitte
   - Aussagen zum Inhalt des jeweiligen Abschnittes
   - Aussagen zur Deutung, evtl. auch Einordnung der Deutungen in den Gesamtzusammenhang des Dramas (s. auch Schlussteil)
   - Aussagen zur sprachlichen Gestaltung als Beleg für die Deutungen
   - Überleitung zum nächsten Textabschnitt

5. Schlussteil: Zusammenfassung der Analyseergebnisse, Einordnung der Analyseergebnisse in den Gesamtzusammenhang des Dramas und in den zeitgeschichtlichen Hintergrund (falls nicht im Rahmen der Linearanalyse erfolgt), persönliche Wertungen ...

## Der Aufbau einer aspektgeleiteten Analyse

Die zuvor aufgelisteten Punkte 1, 2 und 5 gelten auch für diese Analysemethode. Es ändern sich die Punkte 3 und 4:

3. Kennzeichnung der Aspekte im Überblick, die im Folgenden detailliert am Text untersucht werden sollen

4. Analyse des Textes entsprechend den zuvor genannten Schwerpunkten

- Nennen des Untersuchungsaspekts
- Kennzeichnung des inhaltlichen Zusammenhangs, in dem er relevant ist
- Aussagen zur Deutung
- Aussagen zur sprachlichen Gestaltung als Beleg für die Deutungen

**Auch das sind wichtige Tipps für eine Szenenanalyse**

- Vergessen Sie bei dramatischen Texten nicht, die Regieanweisungen in die Analyse einzubeziehen.
- Beachten Sie, wie die Dialogpartner miteinander sprechen, welche Gesten sie vollführen und welche Beziehung sie zueinander verdeutlichen.
- Belegen Sie Ihre Deutungsaussagen mit dem Wortmaterial des Textes. Verweisen Sie entweder auf sprachliche Besonderheiten oder arbeiten Sie mit Zitaten.
- Bauen Sie Zitate korrekt in Ihren eigenen Satzbau ein oder arbeiten Sie mit Redeeinleitungen. Vergessen Sie nicht, die Fundstelle anzugeben.
- Verwenden Sie für die Beschreibung des Wortmaterials die entsprechenden Fachausdrücke (Wortarten, Satzglieder, rhetorische Figuren ...).
- Schreiben Sie im Zusammenhang. Verlieren Sie den „roten Faden" nicht aus den Augen. Folgt ein neuer Gesichtspunkt, formulieren Sie nach Möglichkeit eine Überleitung.
- Machen Sie die gedankliche Gliederung Ihres Textes auch äußerlich durch Absätze deutlich.

Aus: Johannes Diekhans: G. E. Lessing. Nathan der Weise (Textausgabe). Paderborn: Schöningh Verlag 1997, S. 186–188 (leicht verändert)

Georg Büchner (Federzeichnung von Jean-Baptiste Alexis Muston)

„Georg Büchner's Grab- und Denkstein unter der ‚Deutschen Linde'
bei Zürich" (Stahlstich von A. Limbach, um 1876)

# Bildnachweis